La Moneda de Allende

La Moneda de Allende

Jorge Timossi
Gregorio Selser

ocean
sur
o 7
SEVEN STORIES

New York • Oakland • London

Seven Stories Press/Ocean Sur
140 Watts Street
New York, NY 10013
www.sevenstories.com

ISBN: 978-1-921700-44-6
Library of Congress Control Number: 2011943149

152941216

Índice

Presentación   1

La Moneda   5
  Jorge Timossi

Colofón   27
  Gregorio Selser

Presentación

A propósito del cuadragésimo aniversario del golpe de Estado del 11 de septiembre de 1973, que derrocó al gobierno constitucional de Chile presidido por Salvador Allende e integrado por los partidos de la Unidad Popular, la editorial Ocean Sur pone a la disposición de sus lectoras y lectores dos piezas clásicas del periodismo revolucionario latinoamericano.

Con el título *La Moneda de Allende*, se reproducen aquí los artículos «La Moneda», de Jorge Timossi, y «Colofón», de Gregorio Selser, ambos originalmente publicados en 1974, el primero como un capítulo de *Grandes Alamedas. El combate del presidente Allende*,[1] y el segundo como un capítulo de *Chile para recordar*.[2]

«La Moneda» y «Colofón» fueron oportunas y contundentes denuncias de hechos que los protagonistas del golpe contra Allende intentaron ocultar. Uno, la saña criminal con que se produjo el derrocamiento del gobierno de la Unidad Popular; y otro, como ese derrocamiento fue organizado y ejecutado por los servicios especiales de los Estados Unidos, las tres ramas de las Fuerzas Armadas y el Cuerpo de Carabineros de Chile, los monopolios estadounidenses que expoliaban a ese país, y los grupos económicos, las fuerzas políticas y los medios de comunicación de la oligarquía local.

---

[1] Jorge Timossi: *Grandes Alamedas. El combate del presidente Allende*, Editorial de Ciencias Sociales, La Habana, 1974.

[2] Gregorio Selser: *Chile para recordar*, Ediciones de Crisis S.A., Buenos Aires, 1974.

Sin mencionar la injerencia del imperialismo norteamericano para evitar la elección de Allende a la presidencia, registrada tanto en los comicios de 1964, como en los de 1970, el «cuartelazo» del 11 de septiembre de 1973 fue parte de un largo proceso que incluyó:

- la desestabilización política, económica y social iniciada desde el momento mismo del triunfo de la Unidad Popular, en noviembre de 1970;

- el salvaje y cobarde ataque contra el Palacio de La Moneda, en el que, entre otras armas de combate, se utilizaron los más sofisticados cohetes aire-tierra de la época y los cañones de los tanques de guerra;

- el asesinato, la tortura, la desaparición, la vejación, la cárcel y el exilio de miles y miles de hombres y mujeres;

- la implantación de una férrea y prolongada dictadura que reprimió y desarticuló a las fuerzas políticas y sociales de Chile, excepto las de extrema derecha, muy activas en el golpe y en los gobiernos del dictador Augusto Pinochet; y

- la conversión de Chile en el primer país del mundo que asumió la doctrina neoliberal, lo cual hizo en 1976, años antes de la elección de los gobiernos de Margaret Thatcher en Gran Bretaña (1979) y Ronald Reagan en los Estados Unidos (1980), los promotores universales de esa doctrina.

El establecimiento de una dictadura —inicialmente civil— en Uruguay, ocurrido el 10 de junio del propio 1973 —que tres años después se convirtió en dictadura militar— y el golpe de Estado contra el gobierno de la Unidad Popular en Chile, depusieron el sistema democrático burgués en las únicas dos naciones de

América Latina donde había funcionado con relativa estabilidad durante las primeras seis décadas del siglo XX, aunque, por supuesto, ese funcionamiento había estado sometido a las campañas anticomunistas iniciadas a raíz de la Revolución de Octubre de 1917 y, en especial, de la ola macartista desatada con la guerra fría en 1946.

La «defensa de la democracia» ha sido el pretexto históricamente invocado por los Estados Unidos para justificar su política de injerencia e intervención en los asuntos internos de otras naciones, en particular, de América Latina y el Caribe. Pero, en la política exterior estadounidense, la única definición válida del término *democracia* es el *acceso al gobierno de aquellas fuerzas políticas que mejor sirvan a sus intereses, por cualesquiera medios y métodos legales, ilegales e incluso genocidas.*

A tono con esta definición, compartida por las oligarquías latinoamericanas, la «democracia» chilena no soportó la prueba de servirle de plataforma a un gobierno de izquierda, y la «democracia» uruguaya —ni corta ni perezosa— se anticipó a la eventualidad de que una experiencia semejante ocurriera en la entonces llamada Suiza de América, donde el Frente Amplio, fundado en febrero de 1971, en diciembre de aquel mismo año había obtenido 18,28% del voto popular, con el cual franqueó la barrera del 10% con el que chocaban las fuerzas de izquierda cuando participaban divididas en los procesos electorales.

A cuatro décadas de los acontecimientos que se denuncian y analizan en «La Moneda» y «Colofón», ambos textos cobran renovada vigencia y actualidad. En virtud del acumulado histórico de las luchas populares, del repudio internacional generado por las dictaduras militares «de seguridad nacional» y del auge de los movimientos políticos y sociales de signo popular resultante del enfrentamiento contra el neoliberalismo, hoy el mapa político latinoamericano y caribeño refleja un cambio en la correlación de fuerzas debido a la elección de gobiernos de izquierda y progresistas en países como Venezuela, Brasil, Argentina, Uruguay, Bolivia, Ecuador, Nicaragua, El Salvador y otros.

Gracias a esta correlación de fuerzas favorable a los sectores populares, hoy no es momento de largas y sangrientas dictaduras militares, pero, como lo demuestran los golpes de Estado contra los presidentes Manuel Zelaya en Honduras y Fernando Lugo en Paraguay, y los constantes intentos de derrotar a los gobiernos de Venezuela, Bolivia y Ecuador, ni el imperialismo norteamericano, ni la ultraderecha latinoamericana y caribeña cesan en su empeño de revertir la actual situación.

¿Por qué es importante que las jóvenes generaciones conozcan, y las viejas generaciones relean, textos como los de Timossi y Selser? Para que las primeras aprendan y las segundas recuerden que las recurrentes campañas contra los gobiernos de Venezuela, Bolivia, Ecuador y otros países, en modo alguno son autóctonas u originales, sino caricaturas de una vieja estrategia de dominación y de un pasado que pugna por regresar. Quienes crean que los horrores de dictaduras como la de Pinochet fueron sepultados por un irreversible «cambio de época», deben poner más atención a lo que ha venido sucediendo en los últimos años en Palestina, Afganistán, Irak, Libia y Siria —y que amenaza con extenderse hacia Irán—, y preguntarse si es que ello no podría suceder aquí.

Ocean Sur
Mayo de 2013.

La Moneda

Jorge Timossi

Otra vez La Moneda. Y así será por siempre hasta que esas horas, esa película vuelta a proyectar miles de veces en mi memoria, se fundan finalmente en lo que tendrá, alguna vez, que ser mi último recuerdo. En definitiva hay hechos como ese, testimonios, que permiten, o mejor aún obligan, a varias relaciones en el tiempo, a distintos enfoques, al regreso de otros datos, o rectificaciones y apreciaciones, que se perdieron en un primer momento o que pudieron quedar inéditos por múltiples razones. Esto me sucede con el ataque a La Moneda, uno de los hechos que más trascendencia han tenido, y tienen, en la política contemporánea latinoamericana. Y particularmente también en mi vida y en la de aquellos periodistas que me acompañaron en la cobertura del golpe de Estado contra el presidente Salvador Allende.

La esencia de la asonada, su carácter, los antecedentes inmediatos previos al martes 11 de septiembre de 1973, detalles de los sucesos en el Palacio de La Moneda, los escribí en *Grandes Alamedas. El combate del presidente Allende*, libro de dos largas ediciones en español y que tuvo varias traducciones en el extranjero; y también en una crónica, «Las últimas horas de La Moneda», que la agencia de noticias Prensa Latina pudo difundir el jueves 13, tres días después del golpe, porque la clausura de las comunicaciones de Chile con el exterior dispuesta por la Junta Militar impidió su transmisión, solo posible cuando finalmente llegué a La Habana.

Esa crónica, unas diez cuartillas de teletipo —que fueron saliendo de la máquina de escribir de un solo tirón y como si tuvieran existencia propia—, se publicó en las primeras planas de alrededor de cincuenta periódicos del mundo, según una encuesta que hizo la propia Prensa Latina y que recogieron los periódicos cubanos de la época. La repercusión fue lógica: se trataba de la única versión que se conocía distinta a la que propagandizaba la Junta, la que ponía en claro, desde sus primeras líneas, la naturaleza del golpe, y que ofrecía precisiones que ni el tiempo ni la Junta pudieron desmentir jamás, pese a que fue elaborada, fermentada, en el enorme estado de confusión que generó el cuartelazo, cuando las informaciones se desmentían unas a otras en cuestión de pocos minutos. Esa crónica contiene también inexactitudes, que la historia ya se encargó de esclarecer, pero que deseo ahora, a tantos años de aquellos días, comentar como si lo hiciera solo para mí, en el soliloquio de esos empecinados recuerdos.

Primero transcribiré aquí íntegramente ese texto para volver luego a algunas consideraciones, incluso a algunas sensaciones que nunca antes había comunicado, como la indeleble del miedo. Esto quiero hacerlo, entre otras cosas, porque sé que la historia no se rehace, tampoco se rehuye, y los cambios, las falsedades, deben pertenecer siempre, con exclusividad, a los fascistas. Tengo ante mí aquellas páginas, pegadas a mi vida como papel mojado por esa llovizna que caía en Santiago de Chile aquel día nefasto:

> El presidente Salvador Allende cayó defendiendo el Palacio de Gobierno, sus convicciones esenciales, después de exigir garantías para la clase obrera chilena ante el poder avasallador del golpe fascista.

«No saldré de La Moneda, no renunciaré a mi cargo y defenderé con mi vida la autoridad que el pueblo me entregó», remarcó desde la primera alocución que hizo en la mañana del martes 11 por la efímera cadena radial *La Voz de la Patria*.

En mis contactos personales con el presidente Allende nunca le escuché otras palabras cuando él se refería a la hipótesis de un golpe de Estado: «Tienen que sacarme del Palacio muerto, en una caja de pino, con los pies para adelante».

Esto lo repetía una y otra vez a sus interlocutores allegados y la primera ocasión que lo hizo público fue en una concentración con que finalizó la visita a Chile del más dilecto de sus amigos: el primer ministro de Cuba, comandante Fidel Castro. En esa mañana del 11 de septiembre Allende llegó súbitamente al palacio, a las 7:30 a.m., con un grueso grupo de su escolta personal, alrededor de cincuenta efectivos de Carabineros, el director general de Carabineros, José María Sepúlveda, sus médicos personales y algunos asesores directos.

El clima golpista que se incrementó en el país después del «tacnazo» del 29 de junio —un fallido intento que fue sofocado en solo tres horas— culminaba esa mañana después de una noche de intensos rumores. Al entrar Allende en La Moneda, los efectivos de Carabineros y cuatro tanquetas de este cuerpo tomaron posiciones en los accesos principales. Impidieron el tránsito de vehículos y personas en dos cuadras a la redonda, iniciando así un ajetreo nervioso que todavía pasaba inadvertido o como algo relativamente normal para el santiaguino, habituado ya al diario enfrentamiento callejero y a los actos terroristas de la derecha.

Bastaron pocos minutos para enterarme de lo que en realidad ocurría: el Presidente tenía informaciones de posibles acciones golpistas en la noche del lunes, y a las siete de la mañana del martes fue informado en su residencia de la calle Tomás Moro de que unidades de la Marina de Guerra se habían sublevado en Valparaíso y marchaban sobre Santiago.

Pocos minutos después de las ocho la emisora socialista Radio Corporación informó que existía una situación anormal en Valparaíso, y en principio alertó a los obreros, a los cordones industriales, que jugaron un destacado papel inicial en el «tacnazo» y que ahora están luchando contra los cohetes de los aviones a chorro, los cañones de los tanques y los obuses.

A dos cuadras del Palacio de Gobierno, desde las oficinas de Prensa Latina, un ruido demasiado peculiar dio la medida de que el golpe no provenía solo de la marinería: un avión de combate de la Fuerza Aérea estaba haciendo vuelos rasantes sobre el Palacio, sobre los techos del corazón de Santiago.

Los observadores más avezados del difícil y polémico proceso chileno opinaban que después del «tacnazo» —una acción que se cumplió con solo una unidad de tanques y apoyo civil fascista— el nuevo golpe estaría planificado con el concierto de las tres armas. Tal vez esta creencia estaba apoyada por algunas informaciones deslizadas en privado por el excomandante en jefe del Ejército, general Carlos Prats, quien renunció a su cargo el 23 de agosto precisamente para evitar un golpe.

A las 8:45 Radio Corporación fue eliminada del aire, sin juego de palabras: un avión atacó la planta transmisora.

Pero Allende ya había logrado hacer una primera advertencia: «Están haciendo vuelos rasantes. Seguramente ametrallarán La Moneda».

Pude calcular que el primer rocket de un *Hawker Hunter* fue lanzado sobre el palacio a las 12:00. Un tiroteo se generalizó. El grupo de periodistas que tuvo acceso a una esquina del Palacio tuvo que «despejar el área» —según el conminatorio lenguaje de carabineros— a paso vivo y con las manos en alto. Sin embargo, un equipo de televisión logró captar escenas: tres periodistas del Canal 13, que estuvieron filmando desde que Allende llegó al Palacio y que se constituyeron en los únicos voceros admitidos de la Junta de generales golpistas.

A las 9:15 me comuniqué telefónicamente con el despacho presidencial. Un asesor de Allende me reiteró: «Puedes decir que aquí nos morimos y vamos a resistir hasta el final». Le pregunté con qué fuerzas contaban en ese momento para resistir: «La guardia de carabineros de Palacio, alrededor de 50 efectivos suplementarios del mismo cuerpo y un grupo de hombres de la protección presidencial, más los asesores y funcionarios que estén dispuestos a resistir».

La primera proclama golpista, firmada por «los tres comandantes en jefe de las Fuerzas Armadas y el director general de Carabineros» —los nombres solo fueron revelados en una segunda emisión—, señaló que la decisión del golpe de Estado fue tomada «ante la grave crisis moral, económica y social que vive el país».

Las comunicaciones telefónicas con Valparaíso fueron interrumpidas, y alrededor de las 9:30 se paralizaron las comunicaciones con el exterior, excepto los canales por satélite que admitieron una más prolongada vigencia, hasta que también cayeron a los pies de la Junta. Entel Chile, la empresa de telecomunicaciones del Estado, fue ocupada por efectivos del Ejército, y la sobradamente famosa en Chile ITT me cortó un circuito abierto con París a las 9:45.

Los reporteros de Prensa Latina en la calle y en la terraza de la oficina —en el undécimo piso de un céntrico edificio— comenzamos a detallar el panorama: tanques hacia La Moneda, tres aviones continuaban los vuelos rasantes, un tiroteo desperdigado comenzó a concentrarse, y por momentos el ruido se hizo ensordecedor. La radio golpista lanzó su ultimátum a las 11:00 a.m. Allende tenía tres minutos para rendirse. Pero en su tercera alocución Allende volvió a reiterar que no se rendía, que permanecería en Palacio, y dijo premonitoriamente: «Quizá sea la última vez que pueda dirigirme a ustedes». Desde ese momento se tuvo plena conciencia de que el golpe de Estado contra el Presidente constitucional de Chile sería el más cruento registrado en la historia de los derrocamientos latinoamericanos.

Hasta el piso once de las oficinas de la agencia ascendió un inmediato olor a pólvora, aceite y carne quemada. Y desde aquí y desde la calle fue imposible precisar desde dónde se disparaba, quién y con qué. El ruido fue prolongado, concentrado, y todas las armas de guerra sonaban al unísono: desde el rocket hasta una 30 milímetros, hasta el cañón de un tanque Sherman, pasando por los fusiles ametralladoras del Ejército chileno.

Las calles del centro quedaron desiertas y algunos automóviles estacionados comenzaron a servir de parapeto o convertirse en miserable chatarra al paso de los tanques.

A las 13:52 minutos recibí una llamada desde el Palacio. Era Jaime Barrios, asesor económico del Presidente, quien peleó desde una de las ventanas que dan al frente del edificio. Me informó: «Vamos hasta el final. Allende está disparando con una ametralladora. Esto es infernal y nos ahoga el humo. Augusto Olivares murió. El jefe envió a parlamentar a Fernando Flores y Daniel Vergara. Exige una garantía escrita para la clase trabajadora y las conquistas, y una vez que la tenga en sus manos decidirá qué hacer».

Esta fue la última noticia que tuve de Jaime Barrios. Nadie sabe qué le pasó. Augusto Olivares era uno de los periodistas más conocidos de Santiago, fiel amigo y seguidor de Allende. Fernando Flores, secretario general de Gobierno, y Daniel Vergara, subsecretario del Interior, que también habían estado combatiendo, fueron tomados presos por los militares golpistas. Fueron los primeros detenidos que ingresaron al subterráneo de la Plaza Constitución, frente a La Moneda, habitualmente utilizado por cuerpos especiales de carabineros.

Pero antes de esta comunicación con Barrios tuve otros datos que me fueron también transmitidos telefónicamente desde el Palacio por una fuente que ingresó en la resistencia clandestina: después de recibir el ultimátum, Allende reunió a todo el personal a sus órdenes en el Salón Toesca, en el ala izquierda del tradicional y benévolo edificio. Allí les pidió, les exigió a las mujeres que se fueran. Al personal subalterno le pidió que se fuera. A la guardia de carabineros y a los generales de carabineros que estaban ahí desde un primer momento les dio a elegir. Se retiraron las mujeres poco después de las 11:00; se fueron los carabineros y el general Sepúlveda también se fue, y no me constó con qué destino y objetivos. Una dramática escena se produjo poco antes: Allende conminó a una de sus hijas, Beatriz, una ayudante de primera línea, a que se fuera. Sé que se lo tuvo que implorar; que exigir, para que finalmente ella accediera a salir junto con tres colaboradores más: entre ellas Frida Modak, jefa de prensa de la Presidencia, y la esposa de Jaime Barrios. También sé que Beatriz Allende solo llegó a sesenta metros de La Moneda, y se resguardó en un edificio a la espera de poder retornar.

Con Allende también estaban, entre varios otros, Carlos Jorquera, periodista El Negro, que era algo así como la sombra del Presidente, y Eduardo Paredes, exdirector de Investigaciones. La Junta golpista dijo en uno de sus bandos que «se habían entregado».

El miércoles 12, una fuente militar del Regimiento Tacna me reveló un dato concreto para esta historia: la última vez que se vio vivo a Paredes fue en la noche del martes, tirado en el piso de uno de los patios del cuartel, boca abajo, y con milicos caminándole sobre la espalda y la cabeza. Ahí también estaban algunos miembros de la guardia personal de

Allende. Aníbal Palma, exsecretario general de Gobierno, también fue muerto en Palacio, pero al parecer la Junta tendrá que admitir que lo asesinaron con una certera y corta ráfaga de ametralladora.

Pero Salvador Allende, un vital hombre de sesenta y cinco años, que combatió con un fusil ametralladora y un casco de acero, estaba en un charco de sangre, caído sobre el tapiz de su despacho.

Se puede decir que el jefe de Estado chileno, conductor de la singular experiencia política y social de su pueblo, consecuente con lo que siempre había expresado, murió entre las 13:50 y las 14:15. Los límites están marcados: murió después que envió a Flores y Vergara a parlamentar y que éstos fueran hechos prisioneros, y antes o cuando los golpistas ocuparon el Palacio.

La Junta Militar no se atrevió a informar a la opinión pública hasta un día después de los hechos. En la tarde del miércoles, un escueto bando de cinco puntos dijo que Salvador Allende se suicidó, y que ese mediodía fue enterrado en forma privada con asistencia de algunos familiares en Valparaíso.

A esta versión se opuso la que afirmó que Allende fue muerto por un capitán del ejército de Chile, de apellido Gallardo.

A ello debe adjuntársele un segundo dato: cuando entran los golpistas a Palacio, Miriam Contreras, secretaria presidencial, cayó herida gravemente. El miércoles por la noche me enteré de que estaba en una sala de urgencia de un hospital militar. Ella podría ser una pieza clave para saber qué pasó cuando irrumpieron los fascistas, y por eso mismo es fácil suponer que no sobreviva a sus heridas.

El combate prosiguió después de la muerte de Allende. Sigue hasta hoy, con una intensidad feroz, con allanamientos estilo «tierra arrasada», con rostros y bandos del más crudo corte fascista, frente a la resistencia.

Allende murió tres días después de que su hija Beatriz cumpliera años, ocasión en la que tuve oportunidad de jugar con él un par de partidas de ajedrez, al que era aficionado. Cuando estábamos colocando las piezas —a él le gustaba ceder la iniciativa en la apertura— me dijo lo que para mí fueron sus últimas palabras: «La cosa está muy fea. Tomaré una determinación en un par de días. Ya ve: hice buenos enroques y alguna buena variante. Pero se me están acabando los peones».

De La Moneda surgían gruesas columnas de humo y los bomberos entraron a apagar el fuego. Un fotógrafo de *El Mercurio* —el decano del periodismo reaccionario continental— fue llamado por los militares facciosos para fotografiar al Presidente muerto.

La Moneda, vista desde cualquier ángulo, parece hoy un edificio al cual le hubieran agrandado sus ventanas en una forma caprichosa e imposible. Los agujeros son grandes cavernas tétricas y las puertas ya no existen. Los admitidos camarógrafos del Canal 13 de televisión fueron paseados de la mano por los golpistas y el único canal «sin censura» registró —sin quererlo— las primeras imágenes conocidas en Chile de la verdadera, innata, cara de uno de los fascismos más crueles del continente.

En la calle están los muertos, y el hedor a carne quemada se hizo sentir con mayor fuerza en el centro de Santiago. A unas pocas esquinas de las oficinas de Prensa Latina, en plena alameda Bernardo O'Higgins, un cuerpo está tirado, con solo restos de cráneo. Fue el de un hombre que seguramente no pudo alcanzar a refugiarse a tiempo porque usaba una pierna ortopédica y una muleta para apoyarse.

Los cálculos hechos en consulta con varios corresponsales extranjeros elevaron a cinco mil las bajas hasta la tarde del miércoles. En ese período se registraron dos temblores de tierra —de los acostumbrados remezones que se producen continuamente en Chile— pero nadie pareció darles importancia, ni ninguna agencia internacional se molestó en noticiarlos, o tal vez se confundieron con las ondas expansivas de los dinamitazos y bombazos.

La resistencia al golpe continuaba.

No creo que Allende haya muerto en vano.

Hasta aquí llegaron estas líneas escritas en un confuso estado emocional, con el enorme cansancio que produce la tensión nerviosa y no haber dormido en cuarenta y ocho horas. Yo no quería hacerlas, mejor dicho me sentía incapaz de generar una sola palabra sin antes haber dormido un poco. De esta manera, la crónica se la debo a la insistencia tesonera y profesional de un periodista cubano, Roberto Pavón, quien prácticamente me obligó a sentarme frente a una máquina de escribir, no escuchó mis lamentos, y fue enviando una a una las cuartillas, sin tiempo de hacer correcciones de ningún tipo, directamente a la sala de télex. Hoy, en cambio, puedo examinar esas líneas con toda tranquilidad, comenzando por los errores y las precisiones:

Jaime Barrios: murió fusilado después que lo tomaron prisionero. El fue uno de mis últimos contactos telefónicos con La Moneda ya en llamas. Tenía plena conciencia de su papel y de su destino. En la última conversación me pidió que enviara a su hija, Alicia Barrios, un fuerte abrazo, y a Danilo Bartulín, fiel amigo de Allende, su médico personal y combatiente del Palacio, le entregó una carta para su esposa, Nancy Julién, en la que le expresaba su cariño y se despedía de ella. El miércoles, cuando aún no se sabía qué había sucedido con Barrios, su hija me llamó para expresarme que tenía la intuición del asesinato de su padre.

Augusto Olivares: poco después supe que El Perro había preferido suicidarse antes que caer prisionero. El también estaba consciente de su papel y de cómo los militares le harían pagar caro sus certeras denuncias sobre los lazos y redes establecidos con ellos por la Agencia Central de Inteligencia. Augusto, sin decir nada a los otros combatientes, se metió en un pequeño baño de La Moneda, orinó en el lavabo, y se pegó un tiro.

Fernando Flores y Daniel Vergara: efectivamente fueron los primeros detenidos por los golpistas, que se negaron a parlamentar y continuaron exigiendo la rendición incondicional. Pero no fueron detenidos en el subterráneo de la Plaza Constitución sino en el Ministerio de Defensa, detrás de La Moneda, donde se encontraban el almirante Patricio Carvajal, jefe del Estado Mayor Conjunto de las Fuerzas Armadas, y los generales de Ejército Sergio Nuño y Ernesto Baeza, y el general de Aviación Nicanor Díaz Estrada. También fue detenido en esta ocasión Osvaldo Puccio, secretario de Allende.

Las mujeres: la escena que narró la crónica fue exactamente así y a la hora ahí señalada. Solo que muchos años después, en una entrevista con Danilo Bartulín —quien estuvo largo tiempo preso antes de salir al exilio en México—, me enteré de otros detalles. Él me narró:

> Allende nos reunió para decirnos que teníamos una tregua de diez minutos para que las mujeres abandonaran La Moneda. Dijo que solo tenía obligación de quedarse su guardia personal y aclaró que el que se quedara tenía que tener un arma y

estar dispuesto a disparar. El Presidente me pidió que sacara a las mujeres. Estaban Beatriz e Isabel Allende, Frida Modak, la periodista Verónica Ahumada, Nancy Julién, Miriam Contreras, Payita, y una secretaria de Daniel Vergara. Yo me negué a retirarme. Me di cuenta de que Allende quería salvarme. Y le entregué las llaves de mi auto a la Tati, Beatriz, y las acompañé para que salieran por la puerta de Morandé 80. Cerré la puerta y vi por la rejilla cómo se dirigían a la Intendencia. De ahí la Tati regresó y me pidió que la dejara entrar. Le hablé a través de la rejilla y me negué. Cerré la rejilla para terminar la conversación y obligarla a irse. Pero la Payita se había quedado, no había forma de hacerla salir, y entonces le pedí que por lo menos se escondiera para que no fuera vista por Allende. Los militares habían ofrecido un vehículo para evacuar a las mujeres pero nunca llegó.

Ahora puedo agregar algo más, que hace parte intrínseca de esta secuencia: en su trayectoria hacia la Embajada de Cuba, adonde finalmente llegaron Beatriz y Frida me iban llamando cada tanto a Prensa Latina. Los teléfonos funcionaban porque, evidentemente, los golpistas los necesitaban, y este problema logístico permitió, entre otras cosas, salvar muchas vidas.

Los aparatos, las máquinas de escribir, las teníamos nosotros en el suelo, bajo las mesas, en previsión de los helicópteros que disparaban hacia los edificios para acallar a los francotiradores leales. Nuestra única arma, nuestra única posibilidad, eran los teléfonos, y les dimos un uso pleno.

A cada llamada de Beatriz y Frida, yo les daba datos útiles, por donde creía que podían transitar sin mayor peligro y comunicaba sus posiciones a amigos comunes que también las iban guiando.

También el teléfono nos sirvió para advertir sobre allanamientos, antes de que se produjeran, o situar en qué lugares de la ciudad se estaban produciendo y dónde había desplazamientos de tropas. Bartulín me contó que incluso Allende se enteró, por un cruce telefónico, de las verdaderas intenciones golpistas, cuando Pinochet, que tenía su puesto de Mando situado en la Central de Telecomunicaciones de Peñalolén, en el sector oriental de la capital, le dijo al general Palacios que «el único objetivo que queda es La Moneda, y hay que aplastarlos como ratas, por tierra y por aire». Esto se identifica con los documentos de las grabaciones originales de las comunicaciones radiotelefónicas entre los altos mandos y que publicó en un suplemento la revista *Análisis*: Carvajal le confirma a Pinochet que Allende se encuentra en La Moneda, y Pinochet le responde textualmente: «Entonces hay que estar listos para actuar sobre él. Más vale matar la perra y se acaba la leva».

Más adelante volveré a examinar pasajes claves de estas históricas grabaciones en lo que se refiere a la muerte de Allende.

Carlos Jorquera y Eduardo Paredes: no se entregaron como dijo el bando de la Junta, sino que fueron hechos prisioneros cuando los militares lograron por fin asaltar el Palacio. Jorquera quedó vivo pero Paredes fue fusilado en forma similar a Barrios.

Aníbal Palma: este fue un dato erróneo suministrado por una buena fuente pero que no tuve tiempo de reconfirmar.

Miriam Contreras: en este caso mi crónica contiene una exactitud totalmente involuntaria. La verdad fue que la Payita se hizo pasar por herida para escapar de los militares y lograr el asilo. Sucedió así: cuando fue tomada prisionera, durante la ocupación de Palacio, salió a la calle por la puerta de Morandé. Ahí vio una ambulancia que estaba estacionada por los militares.

Simuló entonces un ataque de histeria y se subió a la ambulancia junto a un miembro de la guardia personal de Allende. Ninguno de los militares reaccionó a tiempo. La ambulancia los llevó entonces a la posta central y de ahí un médico sacó a la secretaria del Presidente, vendada como si en realidad estuviera herida de gravedad.

Salvador Allende: mi crónica apuntó que el Presidente murió entre las 13:00 y las 14:15 horas. Este lapso lo deduje entre la última conversación que tuve con Barrios y una nueva llamada que hice a las 14:15 cuando una persona, que no quiso identificarse, me colgó el teléfono y tuve así la certificación de que el Palacio había sido finalmente tomado. Bartulín, en la entrevista aludida, me confirmó que Allende murió alrededor de diez minutos antes de las 14:00 horas. El problema histórico se presenta entre la versión del suicidio que ofreció la Junta, un día después de los hechos, y la que afirmó que fue muerto por un capitán de apellido Gallardo.

Muchos datos y controvertidas declaraciones abonan una u otra posibilidad, ambas presentadas con objetividad en mi crónica. Pero el valor circunstancial de ella residió en que la Junta ofreció el suicidio como imagen de un Allende no combatiente, postrado más por una derrota política que por una asonada militar. La crónica revirtió esta imagen y a partir de ella cualquier examen histórico no podrá negar jamás que el Presidente y su grupo de allegados lucharon denodadamente con las armas en la mano, y que a causa de esa decisión los golpistas no pudieron ocupar La Moneda en por lo menos cuatro horas pese al alto poder de fuego empleado, en el que el bombardeo aéreo desempeñó un papel decisivo. En todo caso, Allende realmente se suicidó, y estoy seguro de que debe entenderse esto como un acto más de combate de un hombre que no aceptó renunciar, como se lo exigían, ni estaba dispuesto a ser tomado prisionero.

El general Palacios declaró que Allende había disparado hasta el final y que él mismo, que comandó el asalto final a La Moneda, fue herido solo en una mano «gracias a una heroica acción» de un capitán. ¿Este sería el tal capitán Gallardo y, en todo caso y cualquiera que fuera el nombre de este capitán, cuál fue la acción heroica?

En las comunicaciones radiales de los golpistas, según las transcripciones publicadas, consta que por un citófono había llegado la apresurada información —¿premonitoria o anticipación de lo planificado?— de que Allende se había suicidado. «Era poco más de las 10:30 horas», indicó Pinochet en su libro *El día decisivo*. Cuando le preguntó a Carvajal por esta noticia, éste le respondió: «Augusto, lo del suicidio era falso». También está patente la disposición de lucha del Presidente en otra conversación de Pinochet con Carvajal cuando éste le informó: «El edecán naval me dice que el Presidente anda con un fusil ametralladora que tenía treinta tiros y que el último tiro se lo va a disparar en la cabeza. Es el ánimo en que estaba hace unos minutos atrás», como asimismo estos diálogos dejaron establecido para la historia el deseo de muerte de Pinochet cuando le dijo a Carvajal: «Se mantiene el ofrecimiento de sacarlo del país… Y el avión se cae, viejo, cuando está volando». Esta intención, registrada entre risas, se repite una segunda vez en las grabaciones.

Luego viene el pasaje en que Carvajal transmite a Gustavo Leigh, comandante en jefe de la Fuerza Aérea, y a Augusto Pinochet, que Allende está muerto, información que le cursó el personal de la Escuela de Infantería que asaltó La Moneda: «Por la posibilidad de interferencias, la voy a transmitir en inglés: *They say that Allende committed suicide and is dead now*».

Esto más bien da la impresión de una clave establecida de antemano para confirmar la muerte del Presidente y no, por su simplismo, de un lenguaje críptico para evitar la posibilidad de ser escuchado por personas ajenas al conflicto. Y finalmente llegó la orden de Pinochet de que los médicos jefes de las distintas armas, más los médicos legistas de Santiago, «certifiquen la causa de la muerte del señor Allende con el objeto de evitar que más adelante se nos pueda imputar por los políticos a las Fuerzas Armadas haber sido los que provocamos su fallecimiento». De una u otra forma, Pinochet tiene esta imputación estampada en su frente para lo que le resta de vida.

La autopsia del cadáver del Presidente, realizada en el hospital militar, y publicada en *El Mercurio,* reveló una herida «tipo suicida» con dos trayectorias de bala que partían del maxilar inferior; algo parecido a lo que está escrito en el sensacional certificado de defunción de Allende, fechado increíblemente en noviembre de 1975, y hecho tan a la ligera que quedaron en blanco la fecha y el lugar de nacimiento, quiénes eran sus padres y con quién estaba casado.

De esto me habló la viuda, Hortensia Bussi, *Tencha,* cuando muchos años después me atreví a tratarle el tema: «Hasta el día de hoy» —me dijo, en febrero de 1986— «yo no sé si en el féretro que me presentaron los militares estaba o no el cadáver de Allende». *Tencha*, junto al edecán presidencial de la Fuerza Aérea, comandante Sánchez, y Laura Allende, hermana del Presidente, volaron en un avión *Catalina* hasta la base militar de Quinteros, cerca de Valparaíso. Allí el cajón estaba cerrado y la esposa solo logró levantar una parte de la tapa. «Vi nada más que un lienzo blanco, debajo del cual se suponía que había un cuerpo, y un militar me agarró por la muñeca y me obligó a cerrar. Yo no sé, nunca supe, si ése era Allende».

Por otra parte, el único que atestiguó que Allende se había suicidado fue el médico Guijón, que integró el equipo sanitario presidencial después que se decidió reforzarlo a raíz de las prevenciones que desencadenó el «tacnazo». Este médico, sin militancia alguna, declaró que Allende se había suicidado porque cuando él bajaba del segundo piso de La Moneda, ya con la ocupación lograda, sintió un tiro, volvió a subir las escaleras, y encontró a Allende en un charco de sangre. Hay que aclarar que Guijón —quien estuvo detenido un par de meses— no vio de ninguna manera a Allende cometer el acto de suicidio. Es más, no hay un solo testigo de este supuesto acto.

A las declaraciones de Guijón se oponen terminantemente las que me hizo el doctor Bartulín, quien algún día publicará su propio testimonio de los hechos de La Moneda:

> Me comuniqué con el Ministerio de Defensa y ahí me dijeron que los parlamentaristas están presos y que nuestra rendición debe ser incondicional. Allende estaba disparando desde el segundo piso, en una pequeña sala contigua al comedor. Continuamente dio órdenes de seguir disparando. A mí, como su amigo, me pidió que si quedaba herido le pegase un tiro. Estas fueron para mí sus últimas palabras. No advertí en él ni ánimo de suicidio ni de rendición. Ya estábamos con máscaras antigases. Eso era un caos. Bajé al primer piso y ahí veo avanzar a los militares desde el Patio de Invierno y desde la puerta de Morandé. Soy uno de los primeros detenidos. Los militares gritan que los que están en el segundo piso tienen diez minutos para rendirse. Veo bajar entonces a la Payita, a Paredes, a Jaime. Yo no creo que Allende se suicidó. Creo que lo mataron.

Este problema se resolverá únicamente cuando el cadáver de Allende pueda ser exhumado, examinado. Hasta ese entonces cabrá preguntar si la autopsia y el certificado de los militares no escamotearon algunas otras balas a las supuestas dos que ocasionaron las heridas de «tipo suicida». Y ello en el entendido de que sus restos sean en verdad los que están depositados en el cementerio de Santa Inés, en Valparaíso, en el panteón de la familia Allende, donde el pueblo chileno deposita el homenaje de sus flores.

Esta historia todavía no ha terminado. Estoy seguro de que tendré que enfrentar mi crónica alguna vez más. Y cada vez que esto ocurra, volveré a sentir, como hoy, la infinita tristeza, las emociones de aquellas horas, la impotencia que sentíamos los periodistas que nos quedamos en las oficinas de Prensa Latina —en el pasaje de Unión Central, a dos cuadras de La Moneda— y el zarpazo del miedo que en algunos momentos —uno en especial— nos abofeteó el estómago.

El miedo se conecta con el dolor y con la muerte pero se distingue de ellos, tiene su fisonomía particular, se presenta y se localiza por otras vías, se consume de otra manera, es otra ignición, sus reflejos anticipan, intuyen, llegan a ser la antesala del dolor y de la muerte e incluso pueden llegar a sobrepasarlos, a burlarlos, a poner en acción mecanismos y resortes inéditos de vida. Su sensación es artera, abominable, porque recurre a los instintos más primarios del hombre, a los más ingobernables. Es un pariente falaz de la locura.

No he consultado con ellos pero estoy seguro de que los que me acompañaron esos días —los chilenos Omar Sepúlveda y Orlando Contreras, el peruano Jorge Luna y los cubanos Mario Mainadé y Pedro Lobaina— estarán de acuerdo, en general, conmigo.

La oficina era una ratonera y estábamos a expensas de cualquier arbitrariedad pero decidimos quedarnos a cumplir nuestro deber profesional y nuestro deber solidario. Hicimos todo lo que pudimos con el télex y con el teléfono y precisamente elegimos quedarnos en la ratonera para estar atentos, dispuestos, al menor resquicio que pudiera abrirse en el bloqueo de la información y la comunicación. No creo que hayamos pensado mucho, ni hayamos sentido miedo, de que esa decisión pudiera habernos costado la vida. Lo hicimos porque sentimos naturalmente que lo teníamos que hacer así y no de otra manera.

Creo que ninguno de nosotros sintió miedo tampoco cuando veinticinco soldaditos, al mando de un sargento, irrumpieron a media mañana en la oficina buscando a los redactores de la revista *Punto Final*. La redacción de ese semanario izquierdista quedaba en nuestro mismo piso, el undécimo, el último del edificio. Los integrantes de *Punto Final*, previendo los acontecimientos, hacía por lo menos cuarenta y ocho horas que no aparecían por ahí. La orden de destruir el semanario, se supo después, fue impartida por el propio Augusto Pinochet. Los soldados, jóvenes e inexpertos, se mostraban muy nerviosos, miraban y no veían, y preguntaban qué era esta agencia de noticias, qué era Prensa Latina, sin ver fotografías y afiches en las paredes de Allende, Fidel Castro o el comandante Ernesto Che Guevara. Fueron tres las irrupciones y revisiones que hicieron en nuestras oficinas mientras hacían polvo y reducían a escombros los escritorios y armarios de madera de *Punto Final* y producían allí peligrosos focos de incendio.

Creo que Contreras no tuvo miedo cuando los soldados lo hicieron parar en el balcón de la oficina, expuesto como fórmula absurda de detener los disparos de los francotiradores que había en edificios vecinos. A Luna no le dio miedo cuando intentó fotografiar los tanques, con medio cuerpo fuera del balcón, y yo tuve que gritarle para que dejara de hacerlo.

Creo que no tuve mayor miedo cuando esa tarde debí ir caminando, y volver a la oficina ileso, ya comenzado el toque de queda, a la Escuela Politécnica de Guerra, caminando con otros corresponsales extranjeros para darnos orientaciones, más que obvias, sobre la censura existente y el cierre de las comunicaciones. En el trayecto, las patrullas me detenían, las manos contra la pared, hasta que lograba explicar, en forma muy convincente, que yo era un corresponsal extranjero que debía concurrir a la Escuela Politécnica, etcétera, y continuaba avanzando... y mirando, registrando, el movimiento militar en el Ministerio de Defensa y la fachada trasera de La Moneda, arrasada.

En todos esos momentos no teníamos miedo en el sentido estricto —aunque nerviosismo sí— porque no estábamos dispuestos a someternos fácilmente, porque nosotros sí sabíamos lo que estábamos haciendo y los soldaditos no, porque estábamos ocupados en engañarlos hasta donde más pudiéramos y seguir mareándolos en la salvadora ignorancia sobre nuestra agencia de noticias. Durante los allanamientos había instantes al borde del desastre: como cuando algún soldado descubría una cámara fotográfica o una grabadora y creía que era un arma mortífera; como cuando varios soldados gatillaron sus armas y nos apuntaron a la cabeza al descubrir en un cajón un misterioso paquete —¿sería una bomba?—, hasta que, felizmente, comprobaron que era una máquina de picar carne comprada por una de nuestras redactoras, la chilena Elena Acuña, a quien retiramos de la oficina desde los primeros minutos del golpe.

No teníamos miedo, en definitiva, porque no teníamos tiempo para tenerlo y porque supimos vencerlo, transgredirlo, trastocarlo, porque nuestros principios profesionales y políticos pudieron acorralarlo, detener su ávido ácido, su aliento podrido.

Pero hubo un momento en que nos pegó duro, que nos atacó por la espalda, que buscó derrotarnos de la forma más inesperada y ambigua, con lanzazos de apariencia inocua pero que podían llegar a desquiciar. No había logrado su cometido con los soldaditos, con las bayonetas sobre el pecho, con las ametralladoras de los helicópteros, pero casi lo logra con solo un sonido.

Fue en la noche de ese martes. La oficina estaba completamente a oscuras, para evitar llamar la atención, y los seis periodistas estábamos sentados en círculo, comentando, haciendo conjeturas, barajando informaciones. De pronto, los motores de los elevadores del edificio se pusieron en marcha sobre nuestras cabezas, con un ruido abrupto, y un sonido frío, de metales y cables ululante, nos heló la sangre. Alguien estaba subiendo. ¿Vendrían otra vez? ¿Esta sería la definitiva? El jueguito se repitió dos o tres veces más y en todas las ocasiones logró el mismo efecto. Hasta que las luces del alba del miércoles volvieron a darnos nuevas esperanzas y a activar nuestra imaginación y nuestros teléfonos, hasta que la vida volvió a imponerse sobre el miedo y las mujeres de un apartamento vecino, que ahí ejercían discretamente la prostitución, nos ofrecieron té, y Arturo, el guatemalteco sensacional, que mis compañeros descubrieron en unos recovecos del edificio, cocinando como un alquimista loco, quizá para los que intentaban defender La Moneda, nos dio una olla de lentejas y una caja de refrescos.

Porque es así: el miedo y ciertos recuerdos siempre dan mucha sed, te dejan la boca con gusto a estopa.

Colofón

Gregorio Selser

Derrocamiento y muerte de Allende

> ¿Qué quiere que le diga sobre el derrocamiento de
> Allende?… Me he enterado de que hubo farra y
> festejos en Washington.
>
> *Juan D. Perón, respuesta a los periodistas,*
> *14 de septiembre de 1973.*

Mientras gran parte del país sobrevivía con pequeñas raciones
de comida, los camioneros parecían inusitadamente equipados
para una larga resistencia. Recientemente, el corresponsal de
Time, Rudolph Rauch, visitó a un grupo de camioneros acam-
pados en las cercanías de Santiago, banqueteándose con una
suculenta comida colectiva compuesta de bifes, verduras, vinos
y empanadas. «¿De dónde lograron el dinero para pagar esta
comida?» — les preguntó—. «De la CIA» —respondieron rién-
dose los camioneros—. En Washington, la CIA negó que esto
fuera cierto.

> *Chile, The Bloody End of a Marxist Dream*
> *(Chile. El sangriento final de un sueño marxista),*
> *en* Time, *New York, p. 12, 24 de septiembre de 1973.*

Lo ocurrido en Chile no fue solo el resultado de la actuación
de los hombres de la CIA, del Departamento de Estado y el
de Defensa (Pentágono). La instauración de la Junta Militar se

explica más aún por la actuación de los miembros más saga-
ces de la oligarquía, sus servidores de clase media represen-
tados en la ocasión por el sector derechista y reaccionario del
Partido Demócrata Cristiano (PDC) y de los partidos Nacional
y Radical, así como por la labor mancomunada de todos ellos
en la preparación del clima previo de caos y sufrimiento económicos conocido como *Operación Centauro*, de la que participaron empresas transnacionales como *International Telephone
& Telegraph* (ITT), las cupreras *Anaconda* y *Kennecott*, la *Grace
Corporation*, la *Dow Chemical* y su subdiaria la *Petro-Dow*, la
Ford Motor Company y algunas más, que entre otras cosas influ-
yeron ante los organismos de crédito internacionales como el
Export-Import Bank (Eximbank) de Washington, el Fondo Mone-
tario Internacional (FMI), el Banco Interamericano de Desarrollo (BID), que una vez más se apartó de su misión económica
específica, el Departamento del Tesoro de los Estados Unidos
y otros de menor cuantía, para ahogar financieramente a Chile.

El dinero fluyó, en cambio, para operaciones de sostén de
huelgas como la de los camioneros —8 de octubre a 5 de noviembre de 1972, y 26 de julio a 11 de septiembre de 1973—, ocasiones
en que el ingreso de dólares hizo descender su valor en el mercado paralelo, signos más que sobrados de su abundancia y libre
disponibilidad.

Que nada fue casual en los preparativos internos, lo prue-
ban estos párrafos del corresponsal norteamericano Nelson
Goodsell, del diario religioso bostoniano *The Christian Science
Monitor:*

> Las Fuerzas Armadas Chilenas, contrariamente a cuarenta
> años de tradición de no interferencia en la vida pública,
> caminaron inmutablemente hacia el golpe durante los

meses invernales de junio, julio y agosto [...] La rebelión no fue un suceso repentino, sino un paso más bien coordinado en el que participaron todas las armas. Ahora es evidente que después de la tentativa abortada del golpe militar del 29 de junio [...] todas las fuerzas armadas mantuvieron contacto regular entre sí y con la oposición política civil. Elaboraron todos los detalles de la rebelión [...] Los militares se entrevistaron con los demócrata-cristianos el 9 ó 10 de septiembre y recibieron el visto bueno para el golpe. Después de esto, se evaporaron las esperanzas de una solución política [...]

Meses más tarde, en entrevista concedida a la revista local *Ercilla,* el general Augusto Pinochet iba a revelar[1] que ya en abril de 1972 el Ejército tenía conciencia de que se produciría un conflicto insuperable entre los poderes del Estado y que a fines de mayo de 1973 se modificaron los planes defensivos de las Fuerzas Armadas por otros ofensivos «discretamente disimulados».

La mención del mes de abril importa mucho en este caso, porque se trata del período de pocas semanas posteriores a las reunión del 4 de marzo en la chacra «El arroyo», de Chiñigüe, de propiedad de Sergio Silva Bascuñán [...] de donde emergerá el llamado «Plan Septiembre» por el gobierno, y «Complot del pastel de choclo», en forma peyorativa, por sus opositores. Y mucho más importa, porque es la más reveladora admisión, por boca de uno de los más conspicuos gorilas que traicionaron a su comandante en jefe, de que el cuartelazo del 11 de septiembre no se gestó en pocas semanas, sino por lo menos un año y medio antes.

---

1   Entrevista publicada en el No. 2,015, 13 de marzo de 1974, Santiago, Chile.

Detrás de los gorilas, Estados Unidos

Los vínculos entre los militares chilenos y los norteamericanos son de antigua data y se los puede rastrear hasta 1891, con
ocasión de la revuelta que derrocó al presidente constitucional
Balmaceda. Tales vínculos son igualmente detectables en 1931,
hasta el punto de que el ministro de Defensa llegara a sugerir,
durante el alzamiento y sublevación de la Escuadra —procla-
mada el 1ro. de septiembre, que para aplastar a los revoltosos
se podría contar con la intervención de la Marina estadounidense—. ¡Chilenos sugiriendo la intervención foránea para
reprimir a otros chilenos![2]

Referencias de más reciente data,[3] permiten aseverar
que entre 1950 y 1970 Chile recibió más ayuda militar (175,8
millones de dólares) que cualquier otro país latinoamericano
exceptuado Brasil, lo cual representó el 10% del presupuesto
de Defensa durante este lapso. Este tipo de ayuda fue especialmente notable en vísperas de las elecciones de 1964, que dieron
el triunfo a Eduardo Frei. El fenómeno —si así puede llamár-
sele— se repitió automáticamente en 1970, año de las elecciones
que consagraron presidente a Salvador Allende. Aparente-
mente un gobierno de izquierda en el poder, con un programa
«marxista», debía ser el más contundente disuasivo contra toda
ayuda al sector castrense. Pero así como el presunto «programa
marxista» se hizo un mito para asustar y azuzar a la derecha
conservadora y a las clases medias, fue igualmente un mito el
que las Fuerzas Armadas estuviesen siendo paulatinamente

---

[2]   Patricio Manns: *La rebelión de la Escuadra*, Ediciones Universitarias de
Valparaíso, Chile, 1972.

[3]   «U.S.: Military Aid to Chile», en: *NACLA's Latin America & Empire Report*,
pp. 8–9, Vol. II, N° 8, octubre de 1973.

captadas por la propaganda gubernamental, o «infiltradas» por el Movimiento de Izquierda Revolucionaria (MIR).

No hay mejor demostración que las cifras de la ayuda militar de los Estados Unidos a Chile durante el período Allende. No solo no cesaron los contingentes habitualmente despachados para «cursos de perfeccionamiento» y/o «adiestramiento» en los Estados Unidos, Puerto Rico y la Zona del Canal de Panamá, por cuenta —aparente— del Pentágono, sino que el nivel de la ayuda —alcanzó comprendidas las asignaciones proyectadas para 1974— a 45,5 millones de dólares, cifra que representa el doble del total correspondiente a los cuatro años inmediatamente precedentes —gobierno de Eduardo Frei—.

¿Qué ocurría? ¿El Pentágono se había vuelto loco, suministrando a su «enemigo marxista» equipos y materiales bélicos por una suma tan alta, en momentos en que la ayuda económica total, para rubros civiles, había descendido a menos de 4 millones de dólares? La respuesta es obvia: las asignaciones civiles podían respaldar al gobierno de Allende, que el año de su acceso al poder padecía dificultades económicas. Las militares, en cambio, se canalizan por otras vías que no son de la competencia del Ministerio de Hacienda, y hasta podría decirse que pasan por debajo del control mismo de cualquier gobierno. En Chile, la fuerza de mayores contactos con los Estados Unidos fue la aérea, desde que en la década del cincuenta se instaló en Santiago la *U.S. Air Force Mission*. Más del 70% de los aviones y helicópteros chilenos fueron provistos por la Unión y, al tiempo de caer Allende, la FACH esperaba un embarque de *jets* de combate *Skyhawk A-4B* radiados de servicio de la Armada estadounidense, utilizados en Viet Nam y que reposaban en una pista aeronáutica ubicada en Davis-Monthan, Arizona.

La misma fuente informativa, NACLA, observa sobre el particular: «El Departamento de Estado no tuvo inconveniente en vender estos *jets* a un gobierno marxista». En efecto, en la primavera última, Estados Unidos ofreció un crédito a Chile y a cuatro países latinoamericanos, para adquirir *jets* de combate *F-5F Freedom Fighters,* oferta particularmente significativa porque el presidente Nixon tuvo que firmar una declaración especial para levantar las restricciones a la venta de armas modernas a los países subdesarrollados. Esto solo puede hacerse si el Presidente determina que tal financiación es importante para la seguridad de los Estados Unidos, cosa que evidentemente hizo en este caso.

El ofrecimiento llamó la atención al representante Wayne Hays, demócrata, por Ohio, que preguntó «qué haría Chile con estos aparatos». Los acontecimientos pudieron quizás haber esclarecido esa inquietud, si no fuese porque los aparatos que bombardearon La Moneda y otros objetivos tan «militares» como la residencia presidencial y algunas fábricas donde se sospechaba que pudiera haber obreros armados, no eran norteamericanos sino los muy británicos *Hawker Hunter,* aunque sus «rockets» aire-tierra de curso teleguiado eran de procedencia yanqui.

Cuando en el Senado norteamericano se discutió el programa de asistencia externa, el senador Inouye, demócrata, por Hawaii, se opuso a que se acordara ayuda militar a Chile, un país que había expropiado bienes de empresas norteamericanas, sin indemnización alguna. Le respondió, para justificar la venta, el almirante Raymond Peet, quien explicó que Estados Unidos prefiere que los países subdesarrollados «compren bienes norteamericanos» en vez de recurrir a otras fuentes. En una palabra, seguía al pie de la letra la recomendación que sobre

ese particular hiciera en su célebre *Report* en 1969, Mr. Nelson
A. Rockefeller. Pero, además —explicó Peet— «una de las grandes ventajas que proporciona a Estados Unidos un programa
de ventas al exterior como esta, es la considerable influencia
que obtenemos del suministro de apoyo para estos aparatos
aéreos». En buen romance, según la NACLA, «al proveer los
jets F-5F o los *Skyhawks,* se conservaría cierta orientación pronorteamericana entre los militares chilenos, en un momento de
tensión entre los gobiernos de ambos países».

La «orientación pronorteamericana», ¿de quiénes? Pues de
las Fuerzas Armadas, que era lo importante. La provisión no
favoreció a la FACH solamente. También la Armada continuó
recibiendo créditos militares y realizando maniobras conjuntas
conocidas como *Unitas,* y precisamente el día 10 de septiembre
de 1973 el pretexto de la escuadra chilena para salir de Valparaíso abastecida hasta el tope, fue el de que debía unirse a las
naves estadounidenses para el «operativo» anual. Horas más
tarde, en la madrugada del 11 y luego de un contacto en alta
mar, las naves de guerra chilenas regresaron a su apostadero
para brindar apoyo a la rebelión concertada entre las tres Fuerzas Armadas y la de Carabineros.

Otro dato que importa es que en los últimos veinte años, más
de cuatro mil oficiales chilenos recibieron adiestramiento en los
Estados Unidos y en las escuelas «antiguerrilla» de la Zona del
Canal y Puerto Rico.

En octubre de 1973, escribiendo desde Panamá para *The New
York Times* («U.S. Army Trained 170 Latin Chiefs»/«El Ejército
de Estados Unidos adiestró a 170 jefes latinoamericanos»), Drew
Middleton señaló, entre otras cosas, que:

> [...] los militares chilenos que tomaron el control del país el
> mes pasado, poseen seis graduados en la Escuela Militar de las

Américas ocupando rangos de alta jerarquía. Estos son el jefe de la Inteligencia y los comandantes de la Segunda División de Infantería y División de Apoyo en Santiago, de la Tercera División de Infantería en Concepción, de la Escuela de Ingenieros de Tejas Verdes y de la Escuela de Paracaidistas y Tropas Especiales, próxima a Santiago.

Curiosas visas

Lo que no decía Middleton era que desde 1950 hasta 1970, Estados Unidos había adiestrado en suelo propio a 2,553 oficiales chilenos, y a otros 1,821 en «otras regiones» (especialmente las del Canal de Panamá), es decir, un total de 4,374 altos jefes y oficiales.[4]

De estos varios miles, es dable suponer que buena parte debía dominar el inglés, un detalle que suele pasar inadvertido en los análisis que se hacen sobre la influencia que Washington ejerce sobre tales militares una vez que éstos han regresado a sus patrias. Sirven de enlaces, leen su literatura belicista y se impregnan de su peculiar filosofía de guerra fría y macarthista que es el rasgo más generalizado entre los oficiales que retornan con el cerebro lavado, por si no se lo hubiesen ya lavado en tal dirección en sus propias academias y escuelas de guerra.

El general Pinochet fue agregado militar en Washington y concurrió varias veces al Comando Meridional de las fuerzas apostadas en la Zona del Canal. Y sus tres cómplices en la traición, José Toribio Merino −Armada−, Gustavo Leigh −FACH− y César

---

[4] *U.S. Military Assistance and Foreign Military Sales Facts*, Department of Defense, Office of the Assistant Secretary of Defense for International Security Affairs, Washington, D.C., 1971.

Mendoza Frank —carabineros—, residieron algún tiempo en los Estados Unidos siguiendo cursos «especializados». Además, Leigh tiene entre sus antecedentes el de haber sido el piloto personal de otro gran traidor, el célebre Gabriel González Videla, y de ser hermano de Hernán Leigh, de la Democracia Radical, el partido que junto con el PDC y el PN constituyeron, mezclados todos en una misma bolsa facciosa, el soporte civil del cuartelazo del 11 de septiembre, en el entendimiento de que usufructuarían el golpe. Así les ha ido.

Los datos precedentes no comprenden al Cuerpo de Carabineros o policía interna, que también recibió una sustancial ayuda norteamericana a través de la Oficina de Seguridad Pública de la AID (*Agency for International Development*/Agencia para el Desarrollo Internacional), una conocida fachada de la CIA para canalizar hombres y tretas sucias, como en los casos de Dan Mitrione en Uruguay y Joseph Vasile en Chile, presuntos «expertos en comunicaciones». Carabineros recibió desde 1961 un subsidio superior a los 2,5 millones de dólares, pero tal programa de «asistencia» fue cancelado por Allende en 1971.

Conocidos, pues, este tipo de datos, se puede comprender mejor el significado que para el golpe debía de tener el télex número 617, fechado en 14 de agosto de 1973, mediante el cual la Embajada de Chile en Washington informaba a la Cancillería que le habían sido solicitadas veintisiete visas oficiales para tripulantes de la escuadrilla *Thunderbirds*, de acrobacia aérea, que harían exhibiciones en Santiago el 26 y 27 de ese mes. Al día siguiente, el pedido de veintisiete visas, según télex número 619, se elevó a «aproximadamente ciento cincuenta», con el mismo aparente motivo. Pero el 17 de agosto, según télex 624 de la misma procedencia, se fijó definitivamente en setenta el número de visas requeridas por el Pentágono. Además, las fechas de exhibición acrobática se modificaban, fijándolas para *mediados de septiembre* (el golpe fascista fue el 11). Un cambio similar se había producido con el Operativo Unitas XIV: de agosto pasó a septiembre. Consultados los comandantes en jefe de la Marina y la Fuerza Aérea, dieron el visto bueno a tales visas.

Por qué podían ser útiles esas visas, quizás sea posible entenderlo a través de estas líneas publicadas en un semanario argentino, nada izquierdista por cierto, en los días siguientes al gorilazo chileno:

> [...] el 7 de septiembre, según afirmaron a *Panorama* fuentes dignas de crédito, aterrizaron en El Plumerillo, Mendoza, 32 aviones de observación y combate de los Estados Unidos, 15 de los cuales regresaron el miércoles 13 en horas de la tarde [...] [5]

Un dato anexo lo proveyó el corresponsal Giangiacomo Foa, del *Corriere della Sera*, que estuvo en Chile en los días siguientes al cuartelazo.

El diario conservador mexicano *Excélsior* reprodujo el 2 de octubre la entrevista que Foa efectuó a la exdiputada Gladys Marín, en el refugio en el que ésta a la sazón se hallaba. La exlegisladora le declaró:

> La Moneda ha sido bombardeada con los cohetes más sofisticados que la industria bélica norteamericana experimentara en Viet Nam. Esos cohetes, de los cuales no está dotada la aviación chilena, fueron enviados expresamente por

---

[5] «Chile: ¡Por qué y para qué!», crónica del corresponsal Juan Manuel Francia, en *Panorama*, Buenos Aires, pp. 54-56, 20 de septiembre de 1973, Año XI, N° 331.

Washington. Espero que dentro de pocos días podré enviar a *Excelsior* los nombres de los aviadores norteamericanos que, especialmente contratados, llegaron a Chile para adiestrar a nuestros pilotos en el uso de tan modernas armas. Quizás esos mismos gringos fueron los que manejaron los *Hawker-Hunter* que atacaron La Moneda.

[…] El almirante Huerta, que usurpa el cargo de canciller, atiende en el segundo piso del Palacio, en el mismo despacho donde trabajaran Letelier, Almeida y los demás ministros de Relaciones Exteriores. Este hecho y la circunstancia de que ni la calzada ni las veredas de las calles que rodean al Palacio hayan recibido el impacto de un solo cohete, habla a las claras de la extraordinaria precisión de estas armas, que destruyeron únicamente el ala donde se encontraban los despachos de Allende y del Ministro del Interior. Solamente en Viet Nam se conocieron armas tan perfectas. Además, obran en nuestro poder los télex intercambiados una semana antes del golpe desde el comando de la Aviación con Washington, para contratar un equipo de acróbatas de cazabombarderos ultrasónicos. Tenemos también los nombres de los pilotos de la *U.S. Air Force*. Quizás ahora ellos estén ya de retorno en los Estados Unidos.

Igual que en Guatemala, Cuba y República Dominicana

Aviones y aviadores yanquis, igual que en Guatemala en junio de 1954, igual que en Playa Girón en abril de 1961, igual que sobre el cielo de Santo Domingo en abril y mayo de 1965.

Los corresponsales Francia y Foa no fueron los únicos en hablar de tales pilotos en los días previos al cuartelazo del 11 de septiembre en Chile. La presencia de esos «aviones para demostraciones de acrobacia» fue luego justificada como parte de una gira que debía incluir a Bolivia, Argentina y Uruguay. Los diarios de Bolivia se refirieron al tema. Publicaciones italianas y francesas se hicieron lenguas de la «extraordinaria puntería» de los aviadores que bombardearon La Moneda y otros objetivos: los «rockets» disparados, hicieron «blanco perfecto». Costo de de los «rockets» guiados electrónicamente, cincuenta mil dólares promedio cada uno.

El último día de octubre, el diario *El Mundo* de Buenos Aires proveyó material adicional a lo que ya se estaba conociendo. Desde Santiago, la agencia *Arauco* daba datos tan concretos como los siguientes:

> El avión tipo WB57S, matrícula 631-3298 comandado por los mayores V. Dueñas y T. Shull y con los pilotos de reserva capitanes M.B. Lemmons y D.C. Baird, coordinaron todas las operaciones de las fuerzas armadas golpistas antes y durante el cuartelazo.
>
> Este aparato especializado en misiones de espionaje y equipado con los más modernos instrumentos de telecomunicaciones, operó el día del golpe como una verdadera estación volante. El perímetro de vuelo comprendía la región limitada por Mendoza y las ciudades chilenas de La Serena y Puerto Montt. Según los planes de los militares golpistas, tres aeropuertos de emergencia en territorio chileno tenían a su disposición el avión norteamericano: Pudahuel, Cerrillos y Cerro Moreno, este último en la provincia de Antofagasta, en el norte del país. La base de este avión de coordinación estaba situada en un país limítrofe.
>
> El avión yanqui comenzó a operar en la zona el 7 de septiembre, cumpliendo ese día dos misiones y dos más el día 10. Del 11 al 13 estuvo adscrito permanentemente al apoyo en el sistema de comunicaciones de las tropas golpistas, que era

vital para éstas. La cobertura legal de las misiones de coordinación en comunicaciones de los militares golpistas, se llamó Misión Airstream. La tarea cumplida por el avión norteamericano permitió la conexión de radios de la Armada chilena, de una parte del Ejército y de la Fuerza Aérea. La operación alcanzaba las radios de la Marina, situadas en los puertos de Valparaíso y Talcahuano, así como las radios de las unidades que navegaban a lo largo de la costa chilena; las radios de la Fuerza Aérea ligadas a los dispositivos cubrían las bases de Cerro Moreno, Quintero, El Bosque y Cerrillos en la zona central y la de Puerto Montt. Las bases de tierra ligadas con el sistema fueron al principio las unidades de la Primera y Sexta División apostadas en el extremo norte; la Quinta y Cuarta y la Tercera División cubrían el espacio situado entre el extremo Sur y Concepción.

En la zona central del país se ligaron al sistema únicamente las unidades controladas directamente por los oficiales golpistas, es decir, el Regimiento de Zapadores de Tejas Verdes, el Batallón Blindado Nº 2, el Batallón de las Boinas Negras de Peldehue y la Escuela de Caballería de Quillota, la Escuela de Suboficiales y la Escuela Militar de Santiago.

Todo se sabrá a su tiempo

No es difícil que a medida que transcurra el tiempo se vayan conociendo más detalles de este tipo. Por mucho que Estados Unidos se esforzó por ocultar los detalles de sus operaciones contra Guatemala, Cuba y la República Dominicana, los nombres, fechas, actuaciones y crímenes cometidos fueron poco a poco descubiertos.

En el caso de Guatemala se tardó mucho más, y el inmoral vicepresidente de los Estados Unidos —hoy presidente, Richard M.

Nixon— declaró con estolidez, el 2 de mayo de 1958, en Buenos Aires, en presencia del Rector de la Universidad y de los
estudiantes que en nombre de la FUBA le reprocharon «los
bombardeos de ciudades guatemaltecas abiertas, por aviadores
norteamericanos que tripulaban aviones norteamericanos», que
esa era «la primera noticia que tenía del asunto», y que no le
constaba que fuese cierta. Cuatro años después de esa impúdica
mentira, una comisión investigadora del Senado de su patria
sacó a relucir el nombre del aviador Jerry DeLarm y declaraba
que de las constancias obtenidas surgía sin ninguna duda que
tanto el presidente Eisenhower como el vicepresidente Nixon
habían estado desde el primer momento en conocimiento de
todas las actuaciones, tanto de las secretas de la CIA, como de
las «abiertas» desarrolladas por el Departamento de Estado y la
OEA para derrocar al presidente constitucional Jacobo Árbenz.

Cuando en octubre de 1973 Mr. Colby, jefe-director de la
CIA, aseguró ante la subcomisión de la Cámara de Representantes que en *eso* de Chile su organismo nada tuvo que ver, pues
la política que se seguía no era la del golpe militar sino la del
ahogo económico, para que Allende se cayera solo,[6] es muy
posible que diga la verdad. Además, coincide en ese punto con
Jack Kubisch, subsecretario de Estado adjunto —en ejercicio—
para Asuntos Interamericanos. Pero en todo caso esa sería *una*
de las presuntas verdades de la CIA, que siempre juega a varias
puntas, pero no la del Pentágono ni la de la derecha y la de la
democracia cristiana, para quienes se hizo claro, especialmente
después de las elecciones legislativas del 4 de marzo de 1973,

---

[6] Consúltese la versión abreviada de esa audiencia legislativa en Tad
Szulc: «The View From Langley», en *The Washington Post*, 21 de octubre
de 1973.

que no obstante el bloqueo invisible o el boicot franco, y a pesar del desabastecimiento, el mercado negro, el agio y la especulación, y la tremenda inflación provocada —solo comparable con la que padeció Alemania durante la efímera República de Weimar durante la primera posguerra— Allende continuaba aumentando su caudal electoral, lo que era indicio no desdeñable de que en las elecciones de 1976 para presidente, otro candidato de la UP se impusiera.

Sobre la CIA no diremos que sí ni que no, por ahora. Pero convendría tener muy en cuenta el juego que ese organismo sigue alternativamente de unos años a esta parte, a saber: aceptar a medias o del todo ser el chivo emisario de las acusaciones de cuartelazos y otras tretas sucias que la hicieran famosa en el mundo entero, para desviar así la atención de su competidora, la DIA (*Defense Intelligence Agency*/Agencia de Inteligencia de Defensa), es decir, el Pentágono.

Porque no fue Kennedy quien volteó a Frondizi en marzo de 1962, sino el Pentágono a través de hombres claves en la Marina y el Ejército argentinos; tampoco Kennedy y su *State Departament* a Juan Bosch, de la República Dominicana, en septiembre de 1963; ni a João Goulart el 30 de marzo de 1964; ni tampoco Johnson sacó del poder a fines de junio de 1966 al presidente argentino Illia; ¿para qué, si la CIA tenía allí, en Buenos Aires, a «*our boys*», los hermanos Alsogaray? La CIA y la DIA tienen un amplio margen para sus operaciones, suelen facilitarse mutuamente sus agentes y hasta cederse cortésmente la prioridad en casos de difícil solución.

Cualquier cosa que digan Nixon o sus funcionarios —incluyendo a Henry A. Kissinger—, para desmentir actuaciones de ese tipo, no merece ser tenida en cuenta. Sin necesidad de que nos remitamos a toda la cadena de embustes en que incurrió para tapar el *affaire* Watergate, es un archiconocido manipulador de la mentira política. Alguien, opositor naturalmente, dijo de Nixon que «le gusta más mentir que respirar». Se valió de la mentira para se elegido por primera vez representante, y volvió a mentir para ser elegido por primera vez senador y más tarde vicepresidente de los Estados Unidos. ¿Para qué abundar en detalles sobre su vida pública, si toda ella siguió una imperturbable línea de torcimiento de la verdad y un refugio de la impudicia?

El cuartelazo era descontable, previsible desde el día mismo en que Allende obtuvo el triunfo electoral del 4 de septiembre de 1970. De modo que casi no hubo sorpresa alguna cuando se descargó en efecto, tres años más tarde. Lo mismo puede decirse en cuanto a la identidad conocida de los chilenos que lo hicieron posible desde los poderes Legislativo y Judicial, y desde sus bastiones de la banca, la industria y el comercio. No debe caerse en la fácil simplificación de adjudicar todo lo ocurrido en Chile en esos tres caliginosos años a las ciencias y artes de los organismos de seguridad y contraespionaje foráneos. La burguesía chilena, quizá la más lúcida de todo el continente, la que supera a todas las otras en conciencia de clase, bien pudo permitirse el lujo de dar lecciones a la CIA y a la DIA, de cómo corroer las bases de sustentación de un gobierno popular —ya lo había hecho en 1891 contra Balmaceda— hasta provocar su caída con ayuda de los presuntos «militares apolíticos», uno de los mitos que con más fervor cultivó hasta entonces.

Sin embargo, tampoco debe inferirse que ese tipo de organismos nada tuvo que ver en el derrocamiento y muerte de Allende. Es obvio que extremaron sus cuidados para evitar ser pillados con los pies en el plato, sobre todo desde que los *Documentos Anderson* sobre la ITT publicados en 1972, y las conclusiones de la comisión senatorial de Frank Church, en 1973, demostraron la colusión existente entre altos organismos y no menos elevados personajes de la conducción gubernamental de Estados Unidos, con los jerarcas de las corporaciones transnacionales.

Es al solo efecto documental y para que los futuros investigadores de lo que ocurrió en Chile dispongan de material de confrontación, que proveemos a continuación la nómina de funcionarios del Servicio Exterior con asiento en Santiago de Chile,[7] respecto de los cuales, *a priori*, cabe la sospecha de que tuvieron que ver no poco con esos sucesos. En tal sentido, sus *curriculum vitae* sucintos dan pie, por lo menos, a la sospecha de que fueron enviados allí para producir resultados adversos a la «vía chilena hacia el socialismo». La notable carta que seguirá a continuación de la presente nómina de funcionarios, dirigida por el profesor Richard R. Fagen al senador J. William Fulbright y que hemos traducido dada su importancia, da cuenta de cómo se manejó el «caso Chile» en el Departamento de Estado, y cómo lo hicieron otros organismos y dependencias de Washington.

Esto, como todo lo reseñado en estas páginas, tiene el propósito de no permitir que se olvide la lección. *Chile para recordar* o *Chile para nunca olvidar.*

---

[7] Esta nómina ha sido preparada sobre la base de publicaciones especializadas como la NACLA (*North American Congress on Latin America*); por el CARIC (*Committee for Action/Research of the Intelligence Community*), de Washington; por la organización *Non-Intervention in Chile*; por el CFLA (*Common Front for Latin America*).

Equipo estadounidense que trabajó contra Allende

Nathaniel P. Davis. El 16 de octubre de 1973, el secretario de Estado, Henry A. Kissinger, anunció que el hasta ese momento embajador de Estados Unidos en Chile, Nathaniel Davis, había sido designado por el director general del Servicio Exterior del Departamento de Estado. Era el justo premio a su labor realizada en Santiago. Al hacer el anuncio, Kissinger dijo que Davis «tendrá un rol decisivo en la vitalización del Servicio Exterior» y que ello «permitirá además concretar el propósito de que los funcionarios más idóneos del Servicio asciendan a puestos claves».

Davis era embajador en Chile desde octubre de 1971. Nacido en Boston, Massachusetts, el 12 de abril de 1925, se graduó como bachiller en la Universidad Brown en 1944, actuó como teniente en la Armada de 1943 a 1946, adscrito a la *Office of Strategic Services* (Oficina de Servicios Estratégicos, OSS), organismo de contraespionaje que precedió a la CIA. Se diplomó en la Escuela Fletcher de Derecho y Diplomacia, en 1947, e ingresó ese mismo año en la carrera diplomática, como tercer secretario de la Embajada de su país en Praga, Checoslovaquia, en donde permaneció hasta 1949. Se desempeñó a continuación en Florencia y Roma, Italia, y luego (1954–1956) en Moscú. Entre 1956 y 1960 prestó servicios en la Oficina de Asuntos Soviéticos en el Departamento de Estado, logrando fama de experto «sovietólogo». En 1959, durante la visita de Nikita Jruschov a los Estados Unidos, actuaría como enlace suyo con el Departamento de Estado.

A continuación pasó a ser primer secretario de la Embajada norteamericana en Venezuela (1960–1962), en tiempos de la ruptura del presidente Betancourt con Cuba socialista. Es entonces llamado a su patria para asumir el cargo de asistente especial del director del Cuerpo de Paz *(Peace Corps)*, nuevo organismo creado por el presidente John F. Kennedy para dar una fachada de nobleza a la tradición política imperial de los Estados Unidos. Fue durante algunos meses director provisional del Cuerpo de Paz en Chile, pero regresó a Washington en donde por breve tiempo fue director provisional adjunto de los Programas Latinoamericanos del Cuerpo de Paz. Ascendió luego a director asociado adjunto para las Operaciones de Ultramar del Cuerpo de Paz (1963–1965). En 1965 fue designado enviado extraordinario y ministro plenipotenciario ante el gobierno de Bulgaria. De 1966 a 1968 prestó servicios en el Consejo de Seguridad Nacional de los Estados Unidos, como «asesor de grado superior». Al ser asesinado en Guatemala el embajador estadounidense, John Gordon Mein, cubrió su vacante desde noviembre de 1968 hasta agosto de 1971 como embajador extraordinario y ministro plenipotenciario, a cargo de «la difícil misión de contribuir a la pacificación del país».

De la eficacia de su gestión en Guatemala da cuenta el hecho de que todo su equipo estuvo constituido por veteranos de los «programas de pacificación» hasta entonces cumplidos en Vietnam, con los nombres clave de «Operación Topo» (consistente en parte en la sistemática cuadriculación de áreas de 40 hectáreas —88 acres— por fuerzas policiales y militares, para el cateo prolijo en busca de hombres y armas pertenecientes a los movimientos de resistencia y liberación). Tales equipos de «pacificación» están encuadrados tras la fachada de la AID (*Agency for International Development*/Agencia para el Desarrollo Internacional), que bajo el disfraz del «desarrollo de los pueblos» encubre hombres y programas de la CIA, como en el caso de Dan Mitrione en Uruguay y Joseph Vasile en Chile.

Davis proveyó al dictador Arana Osorio de todos los implementos y adelantos técnicos alcanzados por los servicios de inteligencia y represión norteamericanos en materia de torturas y asesinatos, ya probados durante años contra los pueblos de Indochina.

Arribó a Chile en reemplazo del embajador Edward Korry, un repulsivo personaje célebre por sus bravuconadas y chabacanos desplantes contra el canciller chileno, Gabriel Valdés, y, posteriormente, por su enconado enfrentamiento al gobierno de la Unidad Popular.

Lawrence A. Corcoran. Teniente coronel de la Fuerza Aérea (USAF) de los Estados Unidos. Agregado aeronáutico en Santiago desde agosto de 1972, aunque en realidad adscrito a la *Defense Intelligence Agency* (Agencia de Inteligencia del Departamento de Defensa, DIA), rival de la CIA. Realizó el «milagro» de convertir en poco tiempo al general de la Aviación, César Ruiz Danyau, de legalista en golpista. En cuanto al general de la Aviación, Gustavo Leigh, actual integrante de la Junta Militar, no necesitó demasiado para hacer de él el verdadero autor del cuartelazo ultragorila del 11 de septiembre contra Salvador Allende Gossens. Los métodos de represión bestiales puestos en práctica luego del cuartelazo, no requirieron esfuerzos de aprendizaje adicionales. Son una virtud característica de Leigh, una de las escasas prendas de su esquizofrénica personalidad. Corcoran logró proporcionar los diecisiete «rockets» que, a un costo de cincuenta mil dólares promedio cada uno, fueron lanzados contra el Palacio de La Moneda, y otros blancos, sin errar uno solo.

William M. Hon. Coronel del Ejército de los Estados Unidos, agregado militar a la Embajada de su patria en Chile. Pertenece también a la DIA, y arribó a Chile en junio de 1971.

Adrian H. Schreiber. Teniente de la Fuerza Aérea, adscripto también a la DIA, llegó a Chile en junio de 1971 como ayudante del agregado aeronáutico Lawrence Corcoran.

James R. Switzer. Capitán de navío, casualmente también adscripto a la DIA. Llegó a Chile en febrero de 1973, acreditado como agregado naval. Sus servicios fueron conceptuados muy útiles en materia de interrogatorios y aplicación del «tercer grado» a los suboficiales y clases arrestados por la Armada chilena en agosto de 1973 bajo la acusación de «conspiración para la rebelión».

Harry W. Shlaudeman. Prestó servicios en la Marina, de 1944 a 1946. Ingresó en la carrera diplomática (1954), actuó como funcionario consular en Barranquilla, Colombia, hasta noviembre de 1956, cuando fue transferido a Bogotá. Ya con conocimiento perfecto del castellano, fue transferido como cónsul a Bulgaria, en 1959, desde donde retornó al continente americano para «operar» en la República Dominicana, desde marzo de 1962. Contribuyó al derrocamiento del presidente constitucional, Juan Bosch (septiembre de 1963), por considerarlo un «comunista en potencia» (Shlaudeman se considera experto en marxismo-leninismo), válido sobre todo por su infiltración en los núcleos de izquierda surgidos luego del asesinato por la CIA, del dictador Rafael L. Trujillo. Sus «contactos» no fueron suficientes como para prever la rebelión popular contra el dictador Donald Reíd Cabral ni para predecir la magnitud de la insurrección. De todos modos, fue quien influyó sobre el embajador, W. Tapley Bennet Jr., para que éste solicitara urgentemente al presidente, Lyndon B. Johnson, el envío de tropas a Santo Domingo, en apoyo del «carnicero» Elías Wessin y Wessin. Cuarenta y cinco mil hombres de aire, mar y tierra, fueron trasportados en menos de cuarenta y ocho horas desde territorio de Estados Unidos a la República Dominicana, para aplastar a las huestes de Caamaño Deñó. Cumplida su misión y luego de ubicados los expertos y asesores de la AID para la sección «Torturas y Asesinatos, Inc.», fue trasferido a Washington en agosto de 1965 como director adjunto de Asuntos Caribeños en el Departamento de Estado. Su versatilidad lo condujo, en junio de 1969, a Santiago, Chile, como segundo jefe de la misión.

Dean Roesch Hinton. Graduado en la Universidad de Chicago, en 1943, prestó servicios en el Ejército hasta 1945. Graduado luego de estudiar en la Escuela Fletcher de Derecho y Diplomacia (1951–1952) al tiempo que funcionario del Departamento de Estado desde 1946, actuó en Damasco, Siria, desde octubre de 1946 hasta marzo de 1949, siendo a continuación transferido a Mombasa, Kenya, donde fue jefe de misión desde abril de 1949 hasta septiembre de 1951. Su título de Fletcher lo inclinó hacia la especialización en el campo económico, aprovechándose su capacidad en la Embajada en Francia desde julio de 1952 hasta enero de 1956. Al dejar París, ingresó en la CIA por cuenta del Departamento de Estado, para especializarse en investigaciones económicas. En un mes fue ascendido a jefe provisional y al siguiente, marzo, a jefe titular de la Oficina de Investigaciones y Análisis de Europa Occidental. En septiembre de 1958 fue transferido a Bruselas como experto financiero ante la Comunidad Europea. De pronto, en agosto de 1961 asistió a un curso de un año de duración en el Colegio Nacional de Guerra, para a continuación y hasta septiembre de 1967 ocupar el cargo de director de Asuntos Políticos y Económicos del Atlántico, donde fue galardonado con varios premios por su actuación.

Un inesperado brinco en su trayectoria lo hace pasar de la confortable Europa a la convulsionada Guatemala de septiembre de 1967, ahora como funcionario de la caritativa AID, que requiere su experiencia de economista hasta octubre de 1969, en momentos en que era más horrenda la represión contra la izquierda, con participación de los Boinas Verdes. Ya adecuadamente enseñado, arriba a Santiago de Chile, ahora como director local de la AID (recuérdese a Dan Mitrione y Joseph Vasile), donde actúa como consejero económico hasta marzo de 1971. En Guatemala había conocido al embajador Nathaniel Davis. Ahora, en Chile, precedió a Davis en algunos meses, entrenándose en el conocimiento de la economía chilena y de sus fallas estructurales. Esa sapiencia sería inmediatamente después aprovechada, cuando la Casa Blanca lo llamara, designándolo director adjunto del Consejo sobre Política Económica Internacional, principal subcomisión del Consejo de Seguridad Nacional, en el que figuraban Henry A. Kissinger, Peter G. Peterson, Sydney Weintraub, John Irwin II, Nathaniel Samuels y otros expertos. Tamaño honor tiene una explicación: como técnico en la formulación de diagnósticos económicos. Su aprendizaje en el Ejército y en el Colegio Nacional de Guerra lo hacen el hombre ideal para planear la estrategia y la táctica que conducirían a Chile al caos y al desastre económico y financiero. Estados Unidos obtiene el plan maestro para desquitarse de la nación que se ha atrevido a expropiar sin indemnización a empresas multinacionales. Era un pecado que Nixon y Kissinger no podían perdonar.

Daniel N. Arzac, Jr. Sirvió en el Ejército (1943–1946) antes de recibirse de bachiller en el St. Mary's College, de California, y graduarse como licenciado en 1951, en la Universidad de Berkeley.

Ingresó en el Departamento de Estado al propio tiempo que en la CIA como analista en investigaciones de Inteligencia, en julio de 1953. Sus primeras experiencias las viviría en Phnom Penh en los días de Dien-Bien-Phu (octubre de 1954–agosto de 1956); sus destinos ulteriores serían Montevideo (abril de 1957–febrero de 1958), en tiempos en que el ahora célebre E. Howard Hunt — complicado en caso Watergate— era el jefe local de la CIA para Uruguay; Phnom Penh (junio de 1959–noviembre de 1961) otra vez, luego de completar más de un año de capacitación de idiomas regionales de Asia sudoriental en el Instituto de Estudios Extranjeros y en la Universidad de Berkeley. El fenómeno de la violencia en Colombia y su potencial insurgente hacen que prestara allí servicios un largo período: diciembre de 1963 a mayo de 1969, como asistente ejecutivo del Embajador. A continuación fue transferido a Asunción, Paraguay, donde se desempeñó hasta septiembre de 1971, mes en que pasó a Santiago de Chile hasta la fecha, como asesor político. En realidad, será el CAS (*Chief of Station*/jefe local) de la CIA.

Ernie M. Isaacs. No tiene antecedentes militares. Estudió en las universidades del nordeste (1957) y en la de Texas (1960). Para este último tiempo ya había ingresado en el Departamento de Estado como analista de investigaciones de inteligencia. Actuó como funcionario consular en Tegucigalpa, Honduras (diciembre de 1960–enero de 1962), y luego en San Pedro Sula, feudo de la *United Fruit,* hasta junio de 1963, época en que es derrocado el presidente constitucional Villeda Morales, conceptuado como «inseguro» por la CIA. Su siguiente destino será Freetown, Antigua (junio de 1963–agosto de 1965), pero le tira la Universidad de Texas, donde se gradúa como experto en «estudios latinoamericanos». Pasó a Buenos Aires en junio de 1966, justo cuando se inauguraba el onganiato, y ya es lo bastante experto en «izquierdismo» como para ser transferido a Santiago de Chile, en febrero de 1970, pocos meses después de haber asumido el gobierno Salvador Allende. Su *hobby* mayor consistía en mezclarse con los residentes norteamericanos en Chile para detectar sus inclinaciones políticas. En junio de 1973 regresó a Washington para hacerse cargo de la sección chilena del Departamento de Estado, en vísperas de la iniciación de la segunda arremetida de los camioneros, la democracia cristiana, Patria y Libertad y la CIA contra Allende.

Keith W. Wheelock. Tras la fachada de empleado de una empresa norteamericana cuprera en Chile, actuaba como funcionario político del Departamento de Estado, en el cual fue adiestrado como experto en investigaciones de inteligencia desde octubre de 1960 hasta marzo de 1962. A continuación del asesinato del líder nacionalista Patrice Lumumba por la CIA, actuó en el exCongo Belga desde marzo de 1962 hasta marzo de 1964, un período durante el cual la CIA desarrolló una intensa actividad encubierta no solo para impedir el crecimiento de la actividad guerrillera sino para instalar gobiernos locales «seguros» para Estados Unidos. Entre marzo de 1964 y julio de 1966 se perfeccionó en Washington como experto y especialista en análisis de inteligencia. En ese mes de julio fue transferido a Santiago de Chile como asesor político, pero hacia fines de 1969, en coincidencia con el «tacnazo», Wheelock deja ostensiblemente su función diplomática y adopta la de un simple civil estudioso de los problemas chilenos, que tanto puede frecuentar a amigos de la «izquierda», como ser repetidamente acusado de ser el inspirador intelectual del movimiento terrorista Patria y Libertad, liderado primero por Pablo Rodríguez Grez y luego por Roberto Thieme.

Donald H. Winters. Obtiene el título de bachiller en la Universidad Estatal de Ohio (1958) y su graduación como licenciado en Artes en la Universidad de San Carlos, Guatemala (1964), previos estudios en lugares tan poco académicos como Nicaragua (1958-1959). Pasó a desempeñarse como analista de la Fuerza Aérea norteamericana destacada en Panamá (1960-1962), y a continuación reside en Washington por cuenta del Departamento de Estado, en el cual sus servicios aparecían registrados entre octubre de 1964 y mayo de 1969, con ocasionales períodos de residencia en Panamá. En mayo de 1969 fue asignado a Santiago de Chile, donde desde un primer momento se lo consideró estrechamente ligado con la CIA.

James F. Anderson. Ingresó en la Fuerza Aérea norteamericana a los diecinueve años de edad, y no tardó en ser despachado al exterior (1953-1957), como especialista en Inteligencia. Obtuvo un título universitario en la Universidad de Oregon (1960), que puso al servicio de la Fuerza Aérea como «analista civil», hasta enero de 1962. Fue adscrito al Departamento de Estado como asesor político y despachado a Monterrey, México, en marzo de 1962. Su destino siguiente fue la República Dominicana (marzo de 1965), justamente un mes antes de la invasión estadounidense, con residencia en la segunda ciudad importante del país, Santiago de los Caballeros. Como funcionario político cumplió después funciones en la capital de México (octubre de 1966-marzo de 1970). Curiosamente, en lugar de ascender, a continuación *desciende* en carrera diplomática: arribó a Santiago de Chile como «funcionario consular», una fachada para pasar lo más inadvertido posible, en enero de 1971, a los dos meses del gobierno de la Unidad Popular. Su labor dentro de la Fuerza Aérea chilena daría sus frutos dos años más tarde.

John B. Tipton. Otro más que llegó a Santiago de Chile en enero de 1971. Egresado como bachiller en 1956 y como licenciado en la Universidad de Illinois (1958), ingresó en el mismo año en el Departamento de Estado como analista en investigación de inteligencia. Pasó luego a la Ciudad de México (mayo de 1960 a septiembre de 1962) como «agregado laboral», función ésta con la que apareció a continuación en Bolivia, hasta septiembre de 1964. El sector gremial sencillamente lo *apasiona*, quizá por la curiosa circunstancia de que en la Bolivia de Barrientos prácticamente no existía, un fenómeno totalmente desaparecido también en Guatemala desde muchos años antes, no obstante lo cual Tipton aparecía allí como especialista laboral (agosto de 1965–septiembre de 1968); luego de un año de «especialización» en algo no establecido en una universidad norteamericana no identificada, desde septiembre de 1968 hasta marzo de 1969, Tipton aparecía como «funcionario político» en Chile en la fecha ya mencionada.

Raymond Alfred Warren. Luego de servir en la Fuerza Aérea (1943–1946), se graduó como bachiller en la Universidad George Washington (1949) y como licenciado en la de Harvard (1951). El exaeronauta se interesó por entonces sobremanera en la «investigación del sindicalismo obrero» (1951–1952), pero a continuación su vocación tomó otro rumbo y aparece como analista del Servicio de Inteligencia de la Fuerza Aérea (1952–1953). Muy versátil él, ingresó simultáneamente en el Departamento de Estado y en la CIA (1954), en momentos en que por pura casualidad nomás lo envían a Guatemala, donde el embajador, John Peurifoy, es un veterano miembro de la CIA y está dedicado por entero a la tarea de derrocar al presidente Árbenz. El exaeronauta y exexperto laboral, a continuación se transforma en técnico económico y en tal carácter aparece en Venezuela hasta

1955, y a continuación en Santiago de Chile, hasta 1959. Dejó de ser «experto económico» y pasó a ser «funcionario político» en Bogotá, Colombia, desde noviembre de 1960 hasta diciembre de 1965. Retornado a Washington como pupilo por cuenta del Departamento de Estado, fue transferido a Santiago de Chile en octubre de 1970, justamente cuando aparece Patria y Libertad, cuando asesinan al comandante en jefe del Ejército, general Schneider, y cuando Allende asume la Presidencia.

Frederick W. Latrash. Como Warren, participó en 1954 en «lo de Guatemala». Era oficial de la marina desde 1942, especializado tras una actuación en la India (1946), en la Oficina de Inteligencia Naval (1948–1949 y 1951–1954). Previamente, había estado al servicio del Departamento de Estado en Calcuta y Nueva Delhi entre 1949 y 1951. A partir de 1954 dejó el Departamento, quizá por disconformidad con el sueldo, y aparecía como «investigador privado» de no se sabe qué cosas por cuenta de quién. Retornó a los viejos lares como «asesor político» en la Embajada de Estados Unidos en Jordania, donde no hay Marina y en cuya capital, Amman, permanecería hasta febrero de 1959. Por entonces, la CIA ya estaba adoptando en gran escala la fachada de la AID (*Agency for International Development*/Agencia para el Desarrollo Internacional) para sus operaciones encubiertas. Latrash, pues aparece en El Cairo como funcionario de la AID en junio de 1960, pero tantos años de aprender el árabe de nada sirvieron, porque, caprichosamente quizá, la AID resuelve que sus conocimientos de español son útiles en Venezuela y Panamá, en donde actuó alternativamente entre 1965 y 1967.

A continuación, la AID ya no necesita de su español básico, porque devuelve a Latrash al Departamento de Estado, que en junio de 1967 lo despachó como «asesor político» a Accra, Ghana,

en donde trabajó hasta 1971, casualmente en el período en que
Kwame Nkrumah fue derrocado con ayuda de la CIA. Desde
mayo de 1971, apareció adscrito a la Embajada en Santiago de
Chile como «funcionario político» — ¡qué manera de cambiar de
«especialidades», de idiomas, de climas, de costumbres!—, lo
que tiene su importancia visto que en Chile hacía ya seis meses
que gobernaba la Unidad Popular y que estaba lanzado a todo
vapor el programa de nacionalizaciones y de expropiaciones de
monopolios y empresas transnacionales.

Joseph F. McManus. Es el de antecedentes más «mersas» del
equipo. No tiene antecedentes universitarios. Actuó en el Servicio de Guardacostas (1944-1946), fue analista de Inteligencia
en el Ejército (1951-1956), en que se adosó al Departamento de
Estado, pasando a desempeñar como funcionario de enlace entre
éste y el Pentágono. Sirvió luego como modesto vicecónsul en
Bangkok, Tailandia, y Estambul, Turquía, en períodos no delimi-
tados, y se aparece por Chile en septiembre de 1972 como «funcionario político».

Frederick Purdy. *Chief Consul* de la Embajada de Estados Unidos
en Santiago, abiertamente miembro de la CIA.

La carta del profesor Fagen, o de qué modo quiso el Departamento de Estado que cayera Allende

Lo que sigue es el texto de la carta del profesor Richard R. Fagen
al senador Fulbright, texto que también hizo llegar al secretario
de Estado Henry A. Kissinger, a los senadores Edward Kennedy
y Gale McGee, y a los representantes Dante Fascell, Donald Fra-
ser y Paul McCloskey.

Stanford, California, 8 de octubre de 1973

Al Honorable J. William Fulbright.

Presidente del Comité de Relaciones Exteriores Senado de los Estados Unidos, Washington, D.C., 20510.

Estimado Senador Fulbright:

La verdadera magnitud de la tragedia de Chile solo ahora se está revelando. No solo la democracia y el constitucionalismo han sido destruidos en nombre de la «salvación de la Nación», sino que el costo humano no tiene precedentes en la historia reciente de América Latina. Aunque la Junta Militar hizo crecer su cálculo inicial de 95 cadáveres a algunos centenares, otras fuentes locales elevan las estimaciones a miles. John Barnes, reportero de *Newsweek* y testigo presencial, informa (8 de octubre) que solamente en la morgue de Santiago se contaron 2,796 cadáveres en las primeras dos semanas siguientes al ataque al Palacio Presidencial. Muchas de las víctimas fueron baleadas a quemarropa y en todos los casos bajo la barbilla. Ha descrito que vio cuerpos decapitados, y escrito gran cantidad de incidentes que son reminiscencia de las carnicerías usualmente asociadas con las ocupaciones de tiempos de guerra y las misiones de investigar y destruir. Y Barnes fue solo uno entre un gran número de voces que se han alzado en el gran esfuerzo de llega a la verdad sobre la situación de Chile.

Mi propósito al escribir a Usted, sin embargo, es más limitado aunque no circunscrito al no revelado salvajismo perpetrado por la Junta Militar. Específicamente, he sido parte y testigo de una pequeña porción de las actitudes y actividades del Departamento de Estado de los Estados Unidos y de la Embajada de Estados Unidos en Santiago, antes, durante y después del reciente golpe militar. Cuando vuelvo a repasar las piezas y antecedentes que conforman mis notas y conversaciones, el cuadro que surge es tremendamente perturbador. Y mi pequeña tajada es, lo percibo, solo el tope de un *iceberg* que se extiende horizontal y verticalmente a través de nuestros aparatos diplomático y de seguridad nacional. Dicho esto, lo que aquí ofrezco es necesariamente un fragmento verdaderamente personal, dicho tan simplemente como me es posible hacerlo. Solamente el Congreso, haciendo uso de sus poderes plenos para investigar, podría empezar a descubrir un cuadro mucho mayor y comenzar a llamar a aquellos que son responsables de lo ocurrido, para dar cuenta de su actuación.

En enero de 1972, partí por un período de 18 meses de la Universidad de Stanford, en donde soy profesor de Ciencia Política. En febrero de ese año, me establecí en Santiago de Chile, en donde trabajé hasta fines de julio de 1973 como consultor *full-time* en Ciencias Sociales de la Fundación Ford. Durante ese período de 18 meses, también me desempeñé como profesor visitante de la Facultad Latinoamericana de Ciencias Sociales (FLACSO), una institución internacionalmente dedicada a cursos de perfeccionamiento de graduados especializados en Sociología y Ciencia Política.

Ya en Chile me vinculé a un gran número de jóvenes norteamericanos, graduados universitarios y otros, que vivían y trabajaban en Santiago. Estos jóvenes norteamericanos eran todos, en variados matices, simpatizantes del «experimento Allende», destinado a profundizar la transformación económica de Chile por medios democráticos. En ese grupo había tres jóvenes veinteañeros, Charles Horman, Frank Teruggi y David Hathaway. Durante mis últimos siete meses en Santiago, tuve ocasión de trabajar muy estrechamente con Horman y Hathaway (particularmente el último), para quienes yo iba a editar un libro en inglés y en español, por cuya razón había contratado a dos de ellos como traductores de medio-tiempo. Como parte del mismo programa (y también a causa de mi posición en la Fundación Ford y de mis otras actividades profesionales), también tuve significativos y frecuentes contactos con Teruggi y otros miembros de este desperdigado —estructuralmente— grupo de jóvenes estadounidenses.

No pasó mucho tiempo desde mi llegada a Santiago, que se me hizo evidente la abierta hostilidad de la Embajada norteamericana hacia el gobierno de Allende, extensible a aquellos miembros de la comunidad estadounidense que eran conocidos como cooperadores, simpatizantes o incluso que se manifestaban «neutrales» con relación al régimen. Con frecuencia escuché informaciones del personal de la Embajada comentando a otros miembros de la comunidad diplomática y extranjera que determinados individuos (e instituciones) estaban fichados como enfrentados «contra los mejores intereses» de los Estados Unidos. Palabras tales como «traidores», «commie» (contracción despectiva coloquial norteamericana referida a los comunistas), «camaradas de ruta», eran utilizadas al referirse a algunos de mis amigos y colaboradores norteamericanos. Incluso en la Fundación Ford encontramos necesario discutir en forma muy seria la posibilidad de que nuestras relaciones profesionales con una serie de instituciones gubernamentales y departamentos universitarios de orientación izquierdista fuesen utilizadas (y distorsionadas) por el personal de la Embajada para causarnos daño personal e institucional. Como puede percibirse, en este clima político e intelectual, los argumentos acerca de este grupo de jóvenes ciudadanos estadounidenses y las presiones que se ejercían contra ellos —que estaban desprovistos del apoyo profesional e institucional del que yo disfrutaba— eran mucho más severos.

Durante gran parte de 1972, hubo un notable vacío de poder diplomático en la Embajada de los Estados Unidos. Edward Korry, embajador hasta fines de 1971, gozaba de grandes prevenciones por su abierta hostilidad al gobierno en el poder. El quedó, consecuentemente, por supuesto, moralmente «quemado» por los descubrimientos de las relaciones entre la ITT y la CIA. Nathaniel Davis, su reemplazante, llegó a Santiago en un difícil y delicado momento. Durante algunos de sus primeros meses, su conducta fue extremadamente cuidadosa, tanto entre la comunidad norteamericana como chilena. Era evidente para todos que el cerebro efectivamente operativo de la Embajada era Harry Shlaudeman, el segundo funcionario de la misión en Santiago, «veterano» en Chile e importante personaje durante la intervención de los Estados Unidos en la República Dominicana a mediados de los años 60 (la invasión fue en abril-mayo de 1965, para liquidar la rebelión popular del coronel Francisco Caamaño Deñó), y es actualmente, de regreso a Washington, el principal consejero de Jack Kubisch, secretario de Estado adjunto para Asuntos Interamericanos. Incluso entre las personas más enconadamente opuestas a Allende, Shlaudeman era considerado como el de la línea más dura. Su oposición al gobierno de Chile fue implacable, y era frecuentemente mencionado por personas que le conocían como el más alto funcionario de la Embajada obsesivamente hostil a las oposiciones y a las actividades de aquellos norteamericanos en Santiago que eran simpatizantes del gobierno.

Durante el mismo período, también mantuve una conversación con un funcionario de carrera del Servicio Exterior de los Estados Unidos. En su transcurso, la siguiente información me fue voluntariamente proporcionada: 1) que Frederick Purdy, cónsul general de la Embajada en Santiago, era de hecho un agente de la CIA; 2) el resto del personal del consulado se sentía perturbado por esta intrusión de la CIA en su sección (se me informó que los puestos usuales de la Embajada para los funcionarios de la CIA eran los de la Sección Política —recomendamos al efecto la lectura, por separado, de los antecedentes de los funcionarios que actuaron antes y durante el gobierno de Allende—, comunicaciones —igual que Dan Mitrione en Uruguay y Joseph Vasile en el mismo Santiago—, y AID —igual que Dan Mitrione—, nada de ello vinculado a la misión específica de un consulado; 3) que había serios riesgos implicados en esta doble función, de agente de la CIA y cónsul, y no la menor de las «lealtades divididas» de cuyas resultas quedara la situación en Santiago «deteriorada». Mi conversación con este funcionario de carrera se desarrolló sin testigos, y yo no tengo una prueba concreta del doble papel jugado por Purdy. Pero quedé suficientemente prevenido, empero, para repetir esa conversación inmediatamente y en forma tan completa como fuese posible a un sincero y juicioso amigo.

Hacia fines de julio de 1973, regresé a los Estados Unidos de acuerdo con lo estipulado, para reasumir mi profesorado en Stanford, y fue en California que escuché por radio las primeras noticias sobre el cuartelazo. Alarmado por las crónicas que se difundían me puse en contacto con los pasados, presente y futuro presidentes de la Latin American Studies Association (de la que soy vicepresidente y ahora presidente electo), para sugerirles que debíamos viajar a Washington para informar nuestros puntos de vista a los líderes del Congreso y solicitarles la adopción de ciertas medidas de emergencia tendientes a salvar vidas. Un breve informe de ese viaje figura anexo. En nuestro último día en Washington, martes 18 de septiembre, entrevistamos durante una hora a Jack Kubisch, el secretario de Estado adjunto para Asuntos Interamericanos. Por entonces, una semana completa después del golpe, Kubisch nos manifestó que no existían motivos reales para dudar de los informes de la Junta Militar chilena acerca del número de prisioneros, muertos y ejecutados; que consideraba a los jefes militares básicamente «honestos» y hombres «buenos», y en lo que su oficina pudiera ayudar en cualquier sentido no teníamos más que hacérselo saber para que se procediera en consecuencia. Al regresar a California, formulé una especialísima recomendación a la oficina de Kubisch, vinculada con el riesgo que correrían los jóvenes norteamericanos mencionados más arriba.

El 23 de septiembre, el *New York Times* dio a conocer el arresto, por los militares chilenos, de Charles Horman, uno de los jóvenes que había trabajado para mí como traductor. En la mañana del lunes 24 de septiembre, llamé al despacho de Kubisch pidiéndole información sobre Horman; se me prometió que sería requerida. Esa tarde, llamé a un estudiante graduado de Stanford que regresaba de dar conferencias en Santiago, y me informó que Horman había sido arrestado el 17 de septiembre, y en la noche del 20, Frank Teruggi y David Hathaway (que eran compañeros de habitación) también habían sido arrestados luego de que durante una requisa policial en su departamento se encontró «literatura izquierdista».

Bien temprano, en la mañana del martes 25 de septiembre, mi esposa y yo comenzamos a buscar a las familias de Teruggi y Hathaway. Localizamos a los Hathaway a través de Amherst College (David se graduó allí en 1972), y a los Teruggi por unos amigos en Chicago. Antes de que terminara el día hablé con la familia de Hathaway y los amigos de Teruggi localizaron a su padre en Illinois. Para ambas familias, esta había sido la primera noticia que tenían del peligro que corrían las vidas de sus hijos. Bien temprano, ese mismo día, también hablé al despacho de Kubisch, para transmitirle mi información y sus fuentes lo más detalladamente que me fue posible hacerlo. En reciprocidad, de lo de Kubisch me manifestaron que esto era lo primero que escuchaban sobre esos casos, y agregaron que iban a solucionar el caso. En consecuencia, me mantuve en diario contacto telefónico con la oficina de Kubisch durante aproximadamente una semana, preguntando por los casos Horman, Hathaway y Teruggi. Durante ese lapso no recibí información alguna de esa oficina, de lo que no estuviera antes informado por la radio, los diarios o de primera mano por mis numerosas llamadas telefónicas a Santiago. (Incidentalmente, desde aproximadamente el 24 de septiembre, la comunicación telefónica con Santiago se hizo muy lenta. Por el mero hecho de que indicaba que se trataba de una llamada de emergencia, lo menos que tuve que esperar para lograrla, en cada oportunidad, fue de una hora y media).

El miércoles 26, aproximadamente a las 5 de la tarde, David Hathaway fue colocado por las autoridades militares chilenas bajo la custodia de Frederick Purdy. El martes 2 de octubre, una identificación positiva del cadáver de Frank Teruggi fue hecha en la morgue de Santiago (había muerto de numerosas heridas de bala, incluyendo dos en la cabeza, una de las cuales destruyó su rostro). Mientras escribo estas líneas, Charles Horman continúa desaparecido. Qué ocurrió entre el 17 de septiembre, cuando Charles Horman fue originalmente arrestado y el fin de la primera semana de octubre, es imposible de conocer completamente desde este alejado lugar. Sin embargo, en la medida en que me ha sido posible reconstruir lo ocurrido (por conversaciones en Santiago, con David Hathaway, crónicas periodísticas y otras fuentes), la cronología es aproximadamente la siguiente:

17 de septiembre. La casa de Charles y Joyce Horman es allanada por la policía de Santiago. Charles fue visto por los vecinos cuando era arrestado, ostensiblemente por «posesión de literatura izquierdista». Joyce Horman, que se hallaba en casa de un amigo cuando la sorprendió el toque de queda (y al no poder regresar se libró del arresto), notificó de la prisión de su esposo a la Embajada de los Estados Unidos al día siguiente.

20 de septiembre. A las 8:15 de la noche, la policía allanó el departamento de Frank Teruggi y David Hathaway, lo revisó de cabo a rabo y encontró «literatura izquierdista», y ambos jóvenes fueron conducidos arrestados para ser interrogados, eventualmente al Estadio Nacional. Una mujer chilena, que estaba en ese momento en el departamento, fue testigo de los arrestos, aunque a ella no se la tocó para nada.

21 de septiembre. Los arrestos de Teruggi y Hathaway fueron notificados a la Embajada de los Estados Unidos por sus amigos (a su vez informados por la testigo chilena). (Como una medida de precaución, y tal como fue solicitado por la Embajada, Teruggi se había registrado previamente con el servicio consular, como un ciudadano norteamericano residente en Santiago). En sus conversaciones en el Estadio Nacional, Teruggi y Hathaway convinieron en que, de ser liberados, juntos o por separado, irían inmediatamente a la Embajada de los Estados Unidos a solicitar protección y dar información a quienquiera que fuese, acerca de los otros. Aproximadamente a las 6 de la tarde, Teruggi fue llamado aparte del pequeño grupo que ocupaba una improvisada celda. Esto fue percibido por Hathaway y otros como algo verdaderamente inusual, ya que los extranjeros arrestados y encerrados en el Estadio normalmente permanecían algunos días antes de ser llamados, interrogados, y (a veces) puestos en libertad. Teruggi no regresó ni fue vuelto a ver con vida por ninguno de sus amigos.

23 de septiembre. Las primeras noticias del arresto de Teruggi y Hathaway llegan al suscripto en los Estados Unidos, tal como se describió previamente.

24 de septiembre. El Departamento de Estado de Washington es informado por el suscripto acerca del arresto de Teruggi y Hathaway. El Departamento de Estado informa que ésta es la primera noticia que recibe, y promete «solucionar inmediatamente el asunto». Las familias de Teruggi y Hathaway son «contactadas» por primera vez, como se describe más arriba.

25 de septiembre. Se generan en Washington y otras partes, por las familias y amigos de Horman, Teruggi y Hathaway, actividades sustanciales y presiones en su favor. Existen indicaciones de que el Departamento de Estado ha comenzado a reaccionar ante tales presiones y se mueve «más vigorosamente».

26 de septiembre. Aproximadamente a las 5 de la tarde, David Hathaway, junto con cierto número de norteamericanos que habían estado presos en el Estadio Nacional, es dejado en libertad bajo la custodia de Frederick Purdy. Purdy no le hace pregunta alguna sobre sus recientes experiencias, pero expide las visas en sus documentos, indispensables para abandonar el país. Purdy refiere a Hathaway que un cadáver depositado en la morgue de Santiago el sábado 22 de septiembre, ha sido «tentativamente» identificado por las autoridades chilenas como el de Frank Teruggi. Purdy asegura que esta información le fue suministrada el lunes 24, pero añade que no visitó la morgue, ni tampoco llamó a cualquier amigo de Teruggi en Santiago para que efectuara su identificación.

27 de septiembre. Hathaway va con Purdy a la morgue para tentar la identificación del cadáver. Hathaway informa que el rostro está intacto (informes posteriores aseguran que Teruggi fue baleado en el rostro) y que una destacada cicatriz en el tobillo de Teruggi no aparece en el cadáver. A pesar del parecido facial, Hathaway se considera entonces incapaz de hacer una identificación positiva.

29 de septiembre. Hathaway retorna a los Estados Unidos. El Departamento de Estado en Washington continúa informando a las familias y amigos de Teruggi solamente que hay informes «contradictorios» sobre el paradero de Teruggi. Entretanto, las autoridades militares de Santiago continúan insistiendo en que Teruggi fue «liberado» el 21 de septiembre, un pedido con el que cumplieron al iniciarse la semana de acuerdo con el Departamento de Estado.

2 de octubre. Positiva identificación del cadáver de Teruggi en Santiago, confirmada por los registros de un dentista local y las huellas digitales tomadas y comparadas con las que rutinariamente sacan las autoridades chilenas cuando otorga documentos de identidad para residentes extranjeros. La familia de Teruggi es notificada de esta ratificación por los amigos de su hijo, mediante una comunicación telefónica con Santiago.

3 de octubre. La familia de Teruggi es notificada por el Departamento de Estado de la muerte de su hijo. Joyce Horman informa desde Santiago que la Embajada de Estados Unidos se ha tornado extremadamente no cooperadora en la búsqueda de su desaparecido esposo, Charles. Entre otras cosas, ella añade que fue informada por personal de la Embajada de que «Charles probablemente quiso abandonarla a usted».

7 de octubre. Hasta hoy no hay noticia alguna de Charles Horman, arrestado el 17 de septiembre.

¿Qué es lo que debería hacerse sobre este pequeño broche de una larga descripción? Dentro del más honesto y específico cuadro, hay una multitud de preguntas inquietantes:

—¿Es Purdy un agente de la CIA tras la fachada de cónsul? Si es así, ¿cuáles son las implicancias de este doble rol? De no serlo, ¿por qué razón un funcionario del Servicio Exterior cometería la indiscreción de revelármelo? ¿Estaba Purdy, según fue su versión corriente durante 1972–1973 en Santiago, espiando a los norteamericanos y compartiendo esa información con las autoridades chilenas? De ser así, ¿por orden de quién?

—En el caso de Horman, pero más dramáticamente en los casos de Teruggi y Hathaway, ¿por qué razón los arrestos (notificados a la Embajada inmediatamente después de ocurridos), demoraron tanto en ser transmitidos al Departamento de Estado en Washington? ¿O estaba el Departamento de Estado mintiendo cuando cuatro días después del arresto de Hathaway y Teruggi me hizo saber que carecía de noticias acerca de ellos?

— ¿Por qué razón los parientes de Hathaway y específicamente de Teruggi fueron informados tan tardíamente, y estuvieron tan pobremente informados durante ese período? ¿Por qué en este y otros casos hubo alguna acción en la Embajada en Santiago solo después de que los parientes y amigos aplicaron una significativa presión dentro de los Estados Unidos?

— ¿Por qué tardó Purdy más de ochos días en establecer la identidad del cadáver de Teruggi, teniendo en cuenta que Teruggi estaba registrado en la Embajada como residente, tenía muchos amigos en Santiago y había sido fotografiado y sus huellas dactilares registradas por la policía de Santiago, como todos los residentes extranjeros? ¿Cómo no hay explicación alguna de la grotesca historia de David Hathaway a quien se muestra un cadáver que parece no haber sido el de su compañero de cuarto?

— ¿Es cierto que la Embajada de los Estados Unidos se mostró no cooperadora con Joyce Horman? ¿Se le dijo, tal como ella lo repitió, que su desaparecido esposo «quizás lo que justamente quería era alejarse de usted»? De ser así, ¿este sadismo es individual o burocrático, o ambos a la vez?

— ¿Cuántos otros norteamericanos padecen las indignidades y peligros que una mujer estadounidense denunció haber sufrido cuando llegó hasta la Embajada de Estados Unidos después del golpe solicitando ayuda, y se le respondió que fuera a solicitarla a la policía chilena? (*New York Times*, 29 de septiembre de 1973, p. 3).

Estas y preguntas similares podrían multiplicarse aún más, indefinidamente, cuando estemos en condiciones de contar con una mayor cantidad de testigos, informantes y conocedores.

Pero por horrendas y trágicas que las respuestas a éstas y otras preguntas similares puedan ser, hay ya aquí otro cúmulo de atrocidades. Aquí la evidencia básica es necesariamente muy endeble por el momento, pero la lógica es terminante. Personalmente yo creo que el papel y la conducta de Frederick Purdy, la falta de sensibilidad de los funcionarios de la Embajada, el desaforado brío de luchador de la guerra fría que caracterizó a Harry Shlaudeman, la chapucería (o mendacidad) del Departamento de Estado, forman todos una pieza. Y esta pieza particular, a su vez, describe en un mucho más vasto y ominoso cuadro que últimamente envuelve al Departamento de Defensa, la CIA, el Departamento del Tesoro, la Casa Blanca y muchas corporaciones de los Estados Unidos.

Nada simboliza mejor el hilo grande que ata para siempre el amplio manto de la declaración formulada por el secretario de Estado adjunto, Jack Kubisch, en la reunión, descrita más arriba, mantenida en su oficina el 18 de septiembre. En esa ocasión, Kubisch (sin mostrar signo alguno de conciencia de autorrespeto), declaró en presencia de cuatro testigos sus puntos de vista sobre «el interés nacional de Estados Unidos en Chile». Lo que sigue es una paráfrasis de lo que dijo, tomada de mis notas redactadas inmediatamente después de la reunión:

«No es de nuestra conveniencia el que los militares hayan tomado el poder en Chile. Hubiera sido mejor que Allende cumpliera totalmente su mandato, dejando a la nación y al pueblo chileno en la más completa y total ruina. Solo entonces habría quedado en evidencia el más completo descrédito del socialismo. Solamente entonces el pueblo recibiría el mensaje de que el socialismo no tiene viabilidad. Lo que ha ocurrido (la toma del poder por los militares y la subsiguiente matanza) ha confundido la lección».

¡Esto proviene de nuestro «más alto servidor público», a cuyo cargo está la responsabilidad de las relaciones entre los Estados Unidos y América Latina!

No el pesar por el cuartelazo, sino por el hecho de que ha interrumpido su teoría sobre la necesidad del fracaso de Allende. No la vergüenza al igualar el «interés nacional de los Estados Unidos» con el «descrédito» de la variante de la revolución constitucionalista de Allende acuerde el máximo soporte al argumento de que los cambios estructurales profundos sobrevendrán solamente a través de la violencia, es decir, del rechazo de las prácticas democráticas. Justamente décadas de vieja guerra fría, torcidamente lógicas, falta total de interés sobre lo que ocurra con el pueblo chileno, y el obsesivo único propósito de destruir la «vía chilena al socialismo» por los más convincentes métodos posibles, que según el correcto razonamiento de Kubisch no fueron adoptados por el salvaje golpe militar.

Mucho más por la «cooperación hemisférica», «neutralidad», «justicia social», «democracia», «no intervención», y otras delicadas frases. Lo que realmente importa a la gente que cree que este camino es el que el hemisferio debe dejar a salvo mediante el *American way of life*, y esto a la vez implica que los experimentos socialistas como el de Chile deben ser destruidos tan convincentemente como sea posible. Ésta es la misión común de destrucción que en un último análisis realizan unidos el Departamento de Estado, la CIA, el Departamento del Tesoro, el Departamento de Defensa, la Casa Blanca, la ITT y otros no importa cuán diferentes parezcan ser sus tácticas. Al cumplir tal misión, se desprende que las vidas humanas y otros valores se convierten en secundarios. Los chilenos no interesan, e incluso los norteamericanos no cuentan para mucho, especialmente si éstos son relativamente jóvenes y piensan «con ideas equivocadas».

Es en este contexto, permitido por una mentalidad de destrucción, que la muerte de Frank Teruggi, la desaparición de Charles Horman, y la milagrosa escapada de David Hathaway, deben ser analizadas. El hecho de que ciertos funcionarios norteamericanos no querían grandes cantidades de sangre chorreando por las calles de Chile (porque consideren que impide la «verdadera lección»), no los absuelve de su culpabilidad y complicidad en lo que ha ocurrido.

Como lo anoté más arriba, yo solo cumplo un papel minúsculo en esta historia. Creo, más todavía, que otros que tienen otros papeles en esta historia darán los pasos necesarios para ser escuchados. Pero, en última instancia, es el Congreso de los Estados Unidos en el que descansan nuestras esperanzas. Después de Watergate y Vietnam, hay indicadores de que muchos de nuestros representantes elegidos no tardarán en tomar a su cargo la bendita tarea de ejercer la rama ejecutiva de poder y sujetar el aparato de la seguridad nacional. Yo ruego para que usted y sus colegas del Congreso tomen la iniciativa y provean tanto el foro como los músculos indispensables para asegurar que el gran cuadro sea expuesto y hecho público.

Este decir la verdad en estos tiempos solo puede fomentar la causa de la libertad y la justicia en las Américas, y al alentar esta causa tributaremos un digno homenaje a la memoria de Frank Teruggi, y de otros miles que han muerto en Chile durante las pasadas tres semanas.

Sinceramente suyo,

Richard R. Fagen
Profesor de Ciencia Política
Stanford Univerity, California, U.S.A.

JORGE TIMOSSI (1936-2011). Periodista y escritor argentino-cubano. Fue uno de los fundadores de la agencia de noticias Prensa Latina y ejerció como corresponsal en numerosos países, entre ellos, Chile, donde lo sorprendió el golpe de Estado contra el presidente Salvador Allende, el 11 de septiembre de 1973. Por el conjunto de su labor periodística y testimonial le fue otorgado el Premio Internacional de la Organización Internacional de Periodistas (OIP) en 1979, y la Unión de Periodistas de Cuba (UPEC) le concedió el Premio Nacional de Periodismo José Martí en 1999. Ejerció como vicepresidente del Instituto Cubano del Libro y director de la Agencia Literaria Latinoamericana, que fundó en 1984. Entre sus obras se destacan *Poesía actual en Buenos Aires* (1964); *El desafío cubano* (1968); *Grandes Alamedas, el combate del Presidente Allende* (1974); *Irán no alineado* (1979); *Poemas de un corresponsal* (1981); *Palmeras* (1982); *De buena fuente* (1998); *Palabras sin fronteras* (2001); *Fascismos paralelos. El Golpe de Estado en Chile* (2007).

GREGORIO SELSER (1922-1991). Periodista e historiador argentino, autor de una prolífica obra que abarcó cuarenta y siete libros. Después del golpe de Estado de 1976 en Argentina, tuvo que exiliarse en México con su familia. Fue uno de los primeros intelectuales latinoamericanos en estudiar los aparatos de inteligencia estadounidenses y sus agresiones al continente a partir de la fundación de la CIA en 1947. En su obra se destacan los títulos *Sandino, general de hombres libres (1955); El pequeño ejército loco* (1958); *El Guatemalazo* (1961); *Diplomacia, garrote y dólares en América Latina* (1962); *Alianza para el progreso, la mal nacida* (1964); *De Dulles a Raborn: la CIA, métodos, logros y pifias del espionaje* (1967); *Chile para recordar* (1974); *De cómo Kissinger desestabilizó a Chile* (1975); *Reagan: de El Salvador a las Malvinas (1982); Panamá: érase un país a un canal pegado* (1989). A partir de su estudio, conservación y clasificación de materiales y recortes de prensa, Selser conformó uno de los fondos de documentación más importantes de América Latina, que se conserva en la Universidad Autónoma de la Ciudad de México.

www.ingramcontent.com/pod-product-compliance
Lightning Source LLC
Chambersburg PA
CBHW021526270326
41930CB00008B/1118